www.tredition.de

AF205018

Werner Ziegler

Der Kunde steht im Mittelpunkt und damit jedem im Wege

www.tredition.de

© 2017 Werner Ziegler

Verlag: tredition GmbH, Hamburg

ISBN
Paperback: 978-3-7345-9925-5
Hardcover: 978-3-7345-9926-2
e-Book: 978-3-7345-9927-9

Printed in Germany

Inhalt

Vorwort

„Der Kunde steht im Mittelpunkt unseres Wirkens." „Alles, was wir tun, leitet sich vom Kunden ab." „Ein zufriedener Kunde ist unser oberstes Ziel." „Kundenorientierung prägt unser gesamtes Handeln." „Ein offener, ehrlicher Umgang mit unseren Kunden ist für uns eine Selbstverständlichkeit." „Der Nutzen für den Kunden steht an oberster Stelle."

So oder so ähnlich steht es in tausenden und abertausenden von Unternehmensleitbildern. Mit ausgesuchten, wohlklingenden Worten wird dargestellt, dass die gesamte Unternehmung ja nur existiert, um uns, die Kunden, zu umsorgen und uns die Wünsche von den Augen abzulesen. Nein, nicht der Eigennutz, nicht der angepeilte Gewinn und auch nicht das erhoffte Wachstum ist das höchste Ziel, sondern ein rundum zufriedener Kunde. Ein Kunde, der gerne und möglichst oft wiederkommt.

Und auch die vielen, vielen, die BWL studieren, lernen es: „Marketing ist eine Unternehmensphilosophie, die alles unternehmerische Handeln unter das Primat „Kunde" stellt. Und dieser Grundsatz gilt für Alle, für den Einzelhandel, den Internetprovider, für Banken, Versicherungen, Makler, Fertigungsbetriebe, Ärzte, Apotheken und auch für Ministerien, Landratsämter und Rathäuser. Und wenn jemand keinen Kunden im herkömmlichen Sinne hat, dann hat er aber bestimmt einen internen Kunden, der seine Leistung abnimmt. Und dieser ist so zu behandeln, wie ein externer Kunde. Soweit zur Theorie.

Mit mehr oder weniger ansprechenden Werbespots in den unterschiedlichsten Medien wird versucht, diese Botschaften an die Frau und an den Mann zu bringen. Dafür wird viel Geld, sehr viel Geld ausgegeben. (In Deutschland rechnet man für das Jahr 2017 mit 17,5 Milliarden Euro Gesamtwerbeausgaben!)

Freundliche, höfliche und gutaussende Beraterinnen und Berater lesen den Kunden die Wünsche von den Augen ab. Sie klären auf. Sie gehen auf noch so seltsame Fragen mit schier unendlicher Geduld ein. Sie weisen auf etwaige Schwierigkeiten und Alternativen hin. Sie kümmern sich um die Kinder der Kunden. Sie bieten jede erdenkliche Hilfe und jeglichen Service.

Die Realität scheinen diese wunderbaren Grundsätze nur selten zu erreichen. Wir Kunden können uns davon fast täglich überzeugen. In diesem Buch werden auf humorvolle Weise derartige Erfahrungen vorgestellt, die deutlich zeigen, dass häufig eben nicht der Kunde im Mittelpunkt steht. Es handelt sich samt und sonders um tatsächlich Erlebtes.

Manchmal – und auch dafür werden beweisführende Beispiele aufgezeigt – steht sich auch der Kunde selbst im Wege. Also auch der Erzähler kommt nicht generell gut weg.

Der Kunde steht im Mittelpunkt – und damit nur im Wege!

22 wahre Begebenheiten zum Schmunzeln, Lachen, und Nachdenken!

22 wahre Geschehnisse, gesammelt und zusammengestellt von mir, einem studierten Betriebswirtschaftler, Professor für Unternehmensführung mit Lehr- und Forschungsschwerpunkte Strategische Unternehmensführung, Marketing und Insolvenzfrüherkennung.

Ich habe mich bemüht, nicht nur alles mit den Augen eines BWL-Professors zu sehen. Vielmehr sollte dem vielbeschworenen gesunden Menschenverstand und vor allem auch dem Humor der Vorrang eingeräumt werden. Sicherlich ist dies nicht immer gelungen. Ich meine, dies schadet nichts, denn ein kritischer Blick durch die Marketing- und Insolvenzverhütungsbrille kann nie schaden.

Geislingen an der Steige, im März 2017

Prof. Dr. Werner Ziegler

Die flexible Jeans

Zugegeben, diese Geschichte ist eine aus meiner Jugend-zeit. Falls sich wider Erwarten in dieser langen Zeitspanne alles geändert haben sollte, sehen Sie darin, geneigte Le-serin und geneigter Leser, eine historische Begebenheit und ein Zeichen dafür, dass es den Wandel zum Besseren doch gibt. Falls Sie zum Ergebnis kommen, dass so etwas auch heute passieren kann, sehen Sie darin ein Zeichen der Beständigkeit.

Nur durch äußerste Sparsamkeit war es möglich, dem lan-gen Wunsch nach einer ganz besonders ausgefallenen Jeans näher zu treten. Nicht, dass ich unbedingt ein solch blaues Beinkleid gebraucht hätte, aber, wenn man sich et-was in den Kopf gesetzt hat …Die gesammelten Taschen-geldreste hatten zwischenzeitlich eine Höhe erreicht, die eventuell für eine derartige Erwerbung ausreichten. Ich wurde darin voll und ganz durch einen Schaufensterbum-mel in der 1000järhigen, wunderschönen oberfränkischen Stadt Bamberg bestätigt.

Ganz nebenbei: Diese Weltkulturerbestadt ist zwar nicht mein Geburtsort, aber meine Schulstadt. Und ich bezeich-ne sie schon deshalb als meine Heimatstadt, weil sie mir etwas unvergleichliches, etwas unvergängliches mitgab: Den ganz speziellen oberfränkischen Dialekt. Es gibt für uns Franken kein T oder D, dafür aber ein weiches D und ein hartes D. Es gibt auch kein B und kein P, dafür aber ein hartes und ein weiches B. Auch wenn ich mir noch so viel

Mühe gebe und auch wenn ich noch so viele Reden halte, der Zuhörer weiß spätestens nach dem Einleitungssatz: „Ach Gott, ein Franke".

Zurück zur 1000jährigen. Gleich in zwei Geschäften, nämlich Laden A und B sah ich das Gewünschte. Nun muss ich offenbaren, dass ich eine etwas von der Norm abweichende Größe (besser Kürze) habe. Dieser Umstand schlug im Laden A wieder einmal voll zu: „In Ihrer Größe haben wir dies leider nicht" Und durch den vertrauten fränkischen Dialekt klang deutlich durch: „Und mit Ihrer Figur werden Sie auch in anderen Geschäften Ihre Schwierigkeiten haben." Evtl. habe ich aber nur wieder einmal zu sensibel reagiert. Wie auch immer, ich verließ Laden A, um mich schnurstracks in den Laden B zu begeben.

Auch hier eine relativ junge (auf meiner damaligen Messskala aber doch schon recht alte) Verkäuferin. Sie begrüßte mich verhalten freundlich. Dieser Zustand änderte sich wider Erwarten auch dann nicht, als ich meinen Wunsch nach der ganz speziellen Jeans in meiner ganz speziellen Größe äußerte. Ja, eigentlich ganz im Gegenteil. Die Verkäuferin ließ zu keinem Augenblick einen Zweifel daran, auch in solchen Sonder-Größen etwas auf Lager zu haben. Es dauerte auch keine zwei Minuten und schon lag genau das Stück vor mir, das ich mir immer schon vorgestellt hatte und das ich mir – weil außerhalb des Üblichen – von meinem Taschengeld erwerben musste.

Ganz aufgeregt ging ich mit dem guten Stück in die Umkleidekabine. Und: Gar nicht so schlecht. Natürlich wieder das Übliche mit der Länge. Und die Weite? Ich konnte die verschiedenen Knöpfe und den Reißverschluss schließen.

Also, was will man mehr. Doch schon auf dem Weg aus der Umkleidekabine zurück zur verhalten freundlichen Verkäuferin, zwickte und zwackte das Beinkleid und zwar genau dort, wo männliche Wesen es am allerwenigsten kneifend und zwickend mögen.

Auf die umwerfende Feststellung der Verkäuferin: „Na die passt aber toll" (korrekter: „Na, die bassd aber doll."), gab ich etwas kleinlaut, aber doch unmissverständlich von mir: „Nein, die kastriert mich." Wer nun denkt, die fränkische Verkäuferin war ob dieser Aussage schockiert oder zumindest etwas verlegen, täuscht sich, täuscht sich sogar sehr. Wie aus der Pistole geschossen kam die Antwort: „Ach Goddla, a so a Dschiens dehnt sich doch beim Drogn". (Etwa: „Ach Du lieber Gott, eine solche Jeans gibt doch beim Tragen nach.") Nun gab ich allerdings nicht nach und beharrte auf meiner Warnmeldung. Nach einigen gegenseitigen Diskussionsbeiträgen entschloss sich die junge/ältere Bedienerin nach einer Hose in einer bequemeren Größe zu suchen. Tatsächlich, es dauerte wirklich nicht lange und die Verkäuferin kam freudestrahlend und mit einer etwas größeren Jeans zurück und präsentierte sie mir mit den Worten: „Aber die müssd Ihnen werglich bassn." Voller Zuversicht verzog ich mich mit dem Teil wieder in die Umkleidekabine: Hose runter, Hose an – und? Toll, sehr toll, nichts zwickte und nichts kneifte. Dies war allerdings auch kein Wunder. Zwischen Bauch und Hosenbund konnte man bequem vier Finger quer stecken. Wie konnte es anders sein, genau jetzt kamen mir die noch keine fünf Minuten alten Weisheiten der fränkischen Hosenverkäuferin in den Sinn, von wegen beim Tragen nachgeben und so. Bekleidet mit dem schlackernden Teil und in Gedanken an das Stoffnachgeben trat ich aus der Kabine und auf die immer noch strahlende Verkäuferin zu. Diese sah, lächelte weiter und sagte: „Na aber jedzedla ham ma des Richdige" (wobei das R tüchtig gerrrollt wurde). Sonst nicht gerade auf den Mund gefallen, brauchte ich doch einige Sekunden, bevor ich antworten konnte: „Ja und in der ersaufe ich." Und nun zeigten sich die Nehmerqualität, die Unerschütterlichkeit, die absolute Flexibilität und die Schlagfertigkeit eines echten oberfränkischen Verkaufsgenies. Ohne mit der Wimper zu zucken, bei anhaltender Freundlichkeit und mit voller Überzeugungskraft kam die Antwort: „Ach du meine Güde, a solchena Hosn geht beim Woschn immer a weng ein."

Nein, ich sagte nichts mehr. Ich tauschte die schlackernde gegen meine alte Jeans und verließ dieses Geschäft. Lange überlegte ich allerdings noch, wer ein solches Maß an Flexibilität auch brauchen könnte.

Die Kurwohnung

Nein, Bad Rappenau ist nicht mondän, hat kein Spielkasino, keine Schickeria, keine Bäderarchitektur und auch keine Modeärzte. Aber Bad Rappenau hat für mich etwas und dieses Etwas kann ich eigentlich gar nicht so richtig erklären. Sicherlich liegt meine Liebe an diesem Bad der 1970er Jahre (mittlerweile natürlich längst wieder auf Vordermann gebracht) an der Sole und an der angebotenen Foto-Sole-Therapie. Die FST ist für einen Psoriatiker wie mich ein Hoffnungsschimmer, die roten Flecken wenigsten vorübergehend verblassen zu lassen und dem Juckreiz ein Schnäppchen zu schlagen. Schuppenflechte ist eine fürchterliche Krankheit. Man weiß nicht so recht wo sie herkommt. Man weiß nur eines, dass man sie nicht heilen kann. Und dies mit der genetischen Veranlagung tröstet verdammt wenig, zumal ich in meiner ganzen Verwandtschaft niemand kenne, der mit einer solchen Pein geschlagen ist oder war. Die widersprüchlichen Aussagen der so genannten Experten tragen absolut nichts zur Besserung bei: „Bestimmte Diäten sind gut." „Stress ist der Auslöser des ganzen Übels." „Sonne, Sonne und nochmals Sonne ist das richtige Heilmittel." Ach, ich habe schon alles ausprobiert. Und gerade in Zeiten mit wenig Stress „blühte" ich schon besonders üppig.

Man braucht schon eine gehörige Portion Mut und Selbstbewusstsein, rotgefleckt in eine öffentliche Sauna zu gehen. Nun gehöre ich – Gott sein Dank – nicht unbedingt zu den ängstlichen und schüchternen Typen und suche deshalb durchaus ab und zu derartige Schwitzanlagen auf.

Aber selbst ich habe dort oft ein sehr komisches Gefühl. Dabei wurde ich noch nie auffallend von den anderen Saunagästen gemustert oder gar dumm angeredet – trotzdem! Ich freue mich immer, wenn ich einen Leidensgenossen oder eine Leidensgenossin bei derartigen Anlässen sehe. Das gemeinsame Leid scheint wirklich besser tragbar zu sein. So war für mich das Buch „Selbstbewusstsein" von John Updike, in dem er seinen ganz persönlichen Leidensweg mit dieser Krankheit schildert, irgendwie eine Hilfe für mich, obwohl es ja an meinem Aussehen nichts änderte.

Ja, in dieser Situation habe ich vor vielen, vielen Jahren in der Zeitung einen Bericht über Bad Rappenau und den Soleanwendungen gelesen. Also galt mein nächster Sonntagsausflug dieser kleinen Kurstadt im Kraichgau. Es war ein herrlicher Sommertag und Bad Rappenau präsentierte sich in ganz außergewöhnlich toller Weise: Das Wellensolebad war überfüllt, die Cafés voll und in den Straßen und vor allem im schönen Kurpark wimmelte es vor Leuten. Mein Entschluss stand nach wenigen Minuten fest. Hier gehe ich hin, um zu kuren. Gesagt getan, ich reichte eine Kur ein, die auch ohne weiteres genehmigt wurde. (Angesichts meines Aussehens war dies allerdings auch kein Wunder.)

Einem Wunder gleich kam jedoch mein Aussehen nach vier Wochen intensiver Foto-Sole-Therapie: Meine roten Flecken waren verschwunden und dank Fango, Massagen, Wassergymnastik, Schwimmen usw. mein Gesamtzustand hervorragend. Natürlich hatten die Therapeuten daran einen ganz erheblichen Anteil. Zu den wichtigsten von ihnen wurde innerhalb kürzester Zeit ein persönliches Verhältnis aufgebaut, das eine gute Basis für den Kurerfolg bildete und übrigen bis heute anhält.

Jetzt, wo ich wieder – auch halbnackt oder gar ganznackt – unter die Leute gehen konnte (an den bekannten Orten, versteht sich), musste natürlich alles daran gesetzt werden, diesen Zustand so lange wie möglich zu konservieren. Ich wusste ja sehr wohl, dass meine Krankheit nicht geheilt ist, sondern nur die Flecken beseitigt sind. Es verwundert deshalb wenig, dass ich, wenn es immer möglich war und ich einige freie Tage hatte, nach Bad Rappenau fuhr, um mich in die Sole zu legen. Bei längeren Aufenthalten wohnte ich in einem Apartmenthaus und bei Kurzaufenthalten quartierte ich mich in einem Hotel ein.

Angesichts der Häufigkeit der Besuche im Kraichgau wuchs schnell die Überlegung heran, eine Ferienwohnung zu erwerben. „Man ist doch viel flexibler." „Man kann sich so einrichten, wie man es will." „Man hat alles zur Verfügung, was man braucht" und „Man kann kommen und gehen wann man will." Was lag also näher, als nach geeigneten Objekten Ausschau zu halten. Der Immobilienmarkt boomte. Das heißt Immobilien waren gefragt und die Preise nicht gerade günstig. Dennoch verfolgte ich mein Vorhaben weiter. Es wurden einige nach dem Exposé in Frage kommende Wohnungen angesehen, aber nichts Passendes gefunden: zu groß, zu klein, zu viele Stufen, zu weit vom Therapiezentrum entfernt, zu laut, zu teuer. Also: Weitersuchen! Und dieses hat sich auch gelohnt. Mitten im Stadtzentrum, in einem architektonisch ansehnlichen, nicht ganz alltäglichen Wohnkomplex stand eine 2 ½ -Zimmer-

Wohnung zum Verkauf. Schnell wurde ein Besichtigungstermin ausgemacht. Auf Anhieb gefiel uns diese Wohnung: Die Größe erschien ausreichend für eine Ferien- besser Kurwohnung. Die Aussicht war zwar nicht umwerfend, aber auch nicht schlecht. Etwas ganz besonderes aber war der Zuschnitt. Neben dem Wohnzimmer und dem Schlafzimmer gab es noch ein kleines Zimmerchen mit Erker einen Stock höher. Ideal für ein Lesezimmer! Nicht zu verachten war auch die schöne Loggia nach Süden. Alles in allem: Sehr interessant! „Wir müssen uns dies genau überlegen. Wir brauchen noch einen weiteren Besichtigungstermin. Wir melden uns wieder". Die nicht gerade überschwänglich freundliche Maklerin stimmte dem zu.

Zurück im gewohnten Apartmenthaus, wurde eine Liste mit Fürs und Widers angelegt. Und siehe da, alles sprach für den Erwerb dieses Objektes. Alles? Nein, nicht ganz. Es gab einen Punkt, der bei der Besichtigung gar nicht zur Sprache kam bzw. gar nicht gesehen wurde. Direkt unter der besagten Loggia befand sich ein Spielplatz für Kleinkinder, also mit entsprechenden Schaukeln und Sitzen auf einer Spirale und einer kleinen Rutschbahn. Nun erhob sich die Frage aller Fragen: Welcher Lärm geht von einem derartigen Spielplatz aus. Wie hoch ist dieser? Zu welchen Tageszeiten ist er besonders stark? Wie ist dieser an den Wochenenden? Und jetzt fiel uns natürlich ein, warum wir diesen Punkt bei der Besichtigung gar nicht bemerkten. Es war Sommer und schon weit nach 19 Uhr und deshalb niemand mehr auf dem Spielplatz.

Also dies musste abgeklärt werden. Die Frage war nur wie. Es brauchte gar nicht so langer Überlegungen, bis ich die

Idee hatte, wir bitten die Maklerin, uns einige Stunden in dieser Wohnung „Probewohnen" zu lassen. Wir nehmen uns zwei Stühle und etwas zum Lesen mit und testen die eventuelle Lärmentwicklung zu besonders anfälligen Zeiten. Ich war so richtig stolz auf meine Idee, rief die Maklerin an und machte einen neuen Besichtigungstermin aus.

Bevor ich auf den Ablauf dieser Besichtigung eingehe, muss ich noch betonen, dass diese Wohnung schon seit längerer Zeit leer stand und auch der Strom schon abgestellt war.

Wir trafen uns am Objekt unserer Begierde – pünktlich. Die Wiedersehensfreude zwischen Maklerin und uns war sehr ungleich zugunsten der eventuellen Käufer verteilt. Anscheinend passte dieser Termin der Maklerin so rein gar nicht. Nach einigen Minuten nochmaligen Anschauens und Bewunderns, kam ich auf den Kleinkinderspielplatz zu sprechen und mit dem damit eventuell verbundenen Lärm. Voller Stolz offerierte ich meinen Lösungsvorschlag: Zwei Stunden Probewohnen zur Hauptspielzeit.

Mit allem haben ich und meine Begleitung gerechnet, aber nicht mit dieser Reaktion:

Schockiertes, sekundenlanges Schweigen, dann eine rhetorische Nachfrage: „Wie bitte?" Ich wiederholte meinen Vorschlag: „Zwei Stunden Probewohnen zur Hauptspielzeit." Und jetzt brach es aus der ehrbaren Maklerin heraus: „Wie? Probewohnen? Das kann ja wohl nicht wahr sein? Meinen Sie das im Ernst? Wie stellen Sie sich denn dies vor, zwei Stunden alleine in dieser Wohnung? Ich bin jetzt seit 15 Jahren im Geschäft, aber so einen ungeheuerlichen Vorschlag hat noch nie jemand gemacht! Und wenn da etwas passiert? Nein, nie und nimmer!"

Ich und auch meine Begleitung waren platt. Zunächst dachte ich noch an einen Scherz, allerdings nach dem zweiten Fragesatz war mir klar, unserer Maklerin ist es ernst, todernst.

Nach einer kurzen Zeit gegenseitigen Anschweigens, versuchte ich, die Einwände zu entkräften: „Wir stehlen nichts, es ist ja sowieso nichts da. Auch die Tapeten reißen wir nicht von den Wänden, so etwas mache ich nicht einmal zuhause, wenn tapeziert werden muss. Elektrizität können wir nicht klauen, weil der Strom abgestellt ist, dies haben Sie uns ja schon beim ersten Besuch verraten. Wir unterschreiben, dass wir für alle Fälle auf Haftungsansprüche verzichten und für die von uns verursachten Schäden aufkommen werden."

Also ganz schön argumentiert, meinte ich. Aber nicht so die Maklerin. Keines meiner Worte änderte auch nur im Geringsten etwas an ihrer Meinung: „Wir müssen gar nicht weiterreden, es gibt kein Probewohnen und damit basta!"

Das war deutlich und das war das Ende der Kurwohnung in Bad Rappenau. Ich zog für mich folgenden Schluss: Wenn ich je ein Immobilenmarketingbuch schreibe (was ich zwischenzeitlich getan habe) werde ich diesem Servicepunkt einen Extraabsatz widmen (was ich ebenfalls getan habe).

Übrigens bin ich noch heute der Maklerin dankbar: Kurze Zeit später flaute der Immobilienmarkt ab. Die Preise gingen merklich zurück. Dies betraf auch die kleine Kurstadt im Kraichgau. Viele Wohnungen standen für lange Zeit leer, auch „unsere".

Außerdem haben die Vermieter „unseres" Apartments dieses zwischenzeitlich so toll renoviert, dass es nicht nur fünf Sterne verdient, sondern unser Immobilienkaufinteresse vollends erlöschen ließ.

Die Crux mit den Farben

Ich trotze einschlägigen Berichten standhaft. Berichten von stetig rückgängigen

Besucherzahlen bestimmter Messen. Ich liebe Messen, ob sie nun XY-Wochen, XZ-Stolz, CV-Leistungsschau, RK-Ausstellung oder sonst wie heißen. Wenn ich es einrichten kann, besuche ich derartige Treffen von Angebot und Nachfrage. Ich liebe es, wie präsentiert wird und ich liebe es, was so alles angeboten wird. Vom spinnenartigen Kopfmassagegerät, über das Bügeleisen, welches keine Brandflecken hinterlässt, bis hin zum Sprudelbad, welches der wahre Jungbrunnen ist und dem ewig interessanten Zauberstab, mit dem man aus Magermilch Eis zaubern kann. Ganz zu schweigen von den Leckereien: Käse aus dem Allgäu, Bioäpfel vom Bodensee, Salami vom heimischen Angusrind, geräucherter Schinken vom Wildschwein, das ortsansässige Jäger höchstpersönlich erledigt haben. Die Auswahl ist groß und die Probiermöglichkeiten ebenso.

Auch der Heimwerker kommt nicht zu kurz. Von der Möbelpolitur, über den immer scharfen Bohrer bis hin zur Dachabdichtung – alles, alles kann angesehen und vor allem käuflich erworben werden. Ich gestehe gerne, dass ich bei dieser Abteilung sehr zurückhaltend bin, da ich es mit dem Heimwerken nicht so habe.

Manchmal gibt es auch das, was es früher immer auf solchen Messen gab:

Klamotten. Klamotten für alle Geschlechter, für Jung und Alt, für Arm und Reich. Klamotten für alle Anlässe und Klamotten aus allen erdenklichen Materialien. Nun bin ich mit derartigen Utensilien gar reichlich eingedeckt. Den Reiz, diese „Raritäten" anzusehen und eventuell sogar anzuprobieren und eventuell sogar …tut dies (leider) keinen Abbruch.

Und genau so erging es mir vor einigen Jahren auf der XY-Woche. Ich hatte mich schon durch drei Hallen durchgesehen und auch etwas durchprobiert, da sah ich einen von den bis dorthin vermissten Kleiderständen. Es war ein Stand mit Damen- und Herrenoberbekleidungsartikeln. Wobei, wie immer, die Gleichstellung auch hier wieder nicht im Entferntesten realisiert war. Wie gewohnt: 80 % für die Dame, 20 % für den Herrn. Da an diese Ungleichbehandlung gewöhnt, hinderte mich dies keine Sekunde, nach den Herrenartikeln Ausschau zu halten. Und, oh Wunder, ich musste gar nicht sehr lange suchen, schon hatte ich ein dunkles Teil in der Hand. Dieses konnte man, vornehm ausgedrückt, als ein legeres Herrensakko bezeichnen. Leger und dunkel, wohlgemerkt. Während leger genau das war, was ich zwar nicht brauchte, aber dennoch suchte, bereitete mir das Dunkel doch Kopfzerbrechen. Schwarz, ja schwarz würde gut passen. Zu was? Schlagartig fielen mir X in meinen Schränken hängende Bekleidungsstücke ein, zu denen just eine legere, schwarze Jacke ganz ausgezeichnet passen würde. Vor diesem Hintergrund betrachtete ich dieses Sakko genauer und war mir sicher, dass genau dies das ideale Kombinationsteil wäre. Dagegen war ich mir plötzlich gar nicht mehr so sicher, dass das Objekt meiner Begierde wirklich schwarz war. War es nicht doch eher dunkelblau? Und je länger ich das gute Stück ansah, je größer wurden meine Zweifel. Große Ratlosigkeit! Gott sei Dank sah ich ganz in der Nähe einen kleinen Scheinwerfer. Was lag also näher, als das legere, dunkle Sakko unter dieses Kunstlicht zu halten. Leider brachte auch dies keinerlei Aufhellung (im wahrsten Sinne des Wortes). Einmal neigte ich mehr zu Schwarz, beim nächsten Drehen des Stoffes schien mir Dunkelblau angesagt zu sein.

Mitten in dieser totalen Hilflosigkeit kam eine mittelalterlich Dame mit rot gefärbten Haaren und einer auffallenden Landhausstilbekleidung (wahrscheinlich mit Mitarbeiterrabatt beim Arbeitgeber gekauft) auf mich zu und bot mit dunkler, vom Zigarettenrauchen geprägten Stimme ihre Hilfe an. „Ja", sagte ich, „sie können mir helfen. Ich suche ein schwarzes Sakko und bin mir absolut nicht sicher, ob dieses hier schwarz oder dunkelblau ist." (Dabei hielt ich ihr das gute Stück vor die – auch sehr auffallende – Brille). Ich hatte die Frage noch gar nicht richtig zu Ende formuliert, als schon die Antwort wie aus der Pistole geschossen kam:

„Dies ist eindeutig schwarz, hundertprozentig. Schauen sie nur hier her". Dabei drehte sie das Sakko etwas hin und her. Als ich trotzdem noch ungläubig dreinsah, bekräftigte sie ihre Aussage mit: „Also daran gibt es gar keinen Zweifel."

Genau in dieser Sekunde fiel mir ein, dass eine dunkelblaue Jacke doch viel eleganter wäre, wenn auch nicht zu solch vielen anderen Klamotten passend. Diesem Einfall folgend (und ich schwöre, dass es keine Schikane war) sagte ich zu der etwas überschminkten Verkäuferin: „Wenn ich es mir recht überlege, brauche ich gar keine schwarze Jacke, sondern eine dunkelblaue." Und wer jetzt denkt, dass nun das übliche kam, nämlich: „Das tut mir leid, die Jacke gibt es nur in schwarz" oder „Da muss ich erst einmal nachsehen, ob wir dieses Stück auch in dunkelblau haben", der irrt sich sehr. Ohne auch nur eine Sekunde zu zögern und ohne mit der Wimper zu zucken sagte die landhausstilgewandete Verkäuferin: „Ach jetzt sehe ich es erst richtig, diese Jacke ist wirklich dunkelblau. Sehen sie, wenn sie so d'raufschauen, sieht man es ganz deutlich." Und wieder drehte sie die Jacke etwas hin und her.

Und was tat ich? Wie reagierte ich auf diese völlig überraschende Wendung? Ja, ich drehte mich nicht nur etwas hin und her, sondern um und ließ die rothaarige, höchst anpassungsfähigen Verkäuferin mit dem legeren, schwarzen oder doch dunkelblauen Sakko stehen und wendete mich einer entspannenden Kopfmassage mit dem schon erwähnten spinnenartigen Kopfmassagegerät zu. – Dies hatte ich bitter nötig!

Der Seidenanzug

An diesem Tag fand der Frühling statt. Auch wenn es noch so kitschig klingt, es passte einfach alles: Die Sonne lachte über Oberammergau und ließ die Wiesen besonders grün, den Himmel besonders blau und die Berge besonders mächtig erscheinen. Die Temperaturen waren so angenehm, dass man versucht war, sofort auf die Sommerklamotten umzusteigen. Die Luft roch anders als in den vergangenen Wochen, viel intensiver, viel würziger, eben nach Frühling. Und an diesem Tage wurde ich nach genau zweiundvierzig Tagen aus der Rheumaklinik entlassen.

Der Einlieferungstag war der erste März und es schneite derart, dass nicht nur wir und unser Auto Schwierigkeiten hatten, den letzten steilen Anstieg zu schaffen. Es schneite so lange, bis man auf dem Parkplatz die Autos eigentlich nur noch unter kleinen Wölbungen vermuten konnte. Eine Tatsache, die die Klassenunterschiede im wahrsten Sinne des Wortes einebnete. Nur mit schweren Räumgeräten konnten für kurze Zeiten immer wieder die notwendigsten Wege befahrbar gemacht werden.

Diese angeblich weiße Pracht brachte für mich den endgültigen Hausarrest. Denn mit zwei Krücken ist der weiße Bodenbelag alles andere als empfehlenswert. Ja, diese Gehhilfen waren an jenem ersten März meine vertrauten, zuverlässigen, manchmal aber auch etwas widerborstigen und sperrigen Bewegungsgaranten. Nach schweren Rheumaschüben und einer mehrstündigen Operation einer komplizierten Achillessehnenruptur war ich den beiden Stöcken äußerst dankbar für ihre unentbehrliche Hilfe.

Aber der erste März lag sechs Wochen zurück. Der Schnee war geschmolzen, das Eis getaut und meine Krücken lagen im Kofferraum. Und dies nicht nur, weil sie beim Fahren bekanntlich nicht benötigt werden. Nein, ich war nicht mehr auf sie angewiesen. Ich konnte mich wieder frei und fast normal bewegen. Dies und die meteorologischen Umstände machten diesen Tag wahrlich zu einem perfekten Tag.

Es war eine ausgesprochene Hochstimmung, mit der ich die Rheumaklinik (nur auf den eigenen Beinen gehend) verlassen habe. Vergessen die mühsamen Stunden im Gymnastikraum, im Bewegungsbad, in den Badewannen, vergessen auch die vielen Medikamente, die 800-Kalorien-Diät und die gemeinsamen Fernsehabende, vergessen aber vor allem die oft unerträglichen Schmerzen. Also: „Her mit der Welt, ich liebe sie." Ich hatte Lust auf alles, auf Spazierengehen (im sehr eingeschränktem Masse versteht sich), auf die Besichtigung der Königsschlösser (zu der Jahreszeit bestimmt noch ohne Quetschgefahr zu überstehen) und natürlich auf Einkaufen. Genau ein halbes Jahr war es jetzt her, dass ich aus dem Verkehr gezogen wurde: Zunächst zehn Wochen Uniklinik Tübingen, dann mit Gipsbein auf dem häuslichen Sofa, dann Oberammergau. Da versteht es sich, dass das geliebte Einkaufen zur Mangelerscheinung wurde.

Toll auch, dass auf dem Heimweg Bayerns Metropole lag. Ohne Diskussion war München als erstes Etappenziel fixiert. Es wunderte auch gar nicht, dass wir schnell und ohne das sonstige Schleifen-Drehen-Müssen einen Parkplatz in der Nähe des Marienplatzes fanden. Ganz anders als sonst, wo zunächst ein ausgiebiger Schaufensterbummel stattfand, um sich zunächst einen Überblick über all das Schöne und Teure zu verschaffen, um Bedarfe entstehen zu lassen und dann Anregungen zu deren Befriedigung zu erhalten, stand dieses Mal schon fest: Eines der bekannten Edelkaufhäuser, das nicht gerade im unteren Preissegment angesiedelt ist. Dieses Ziel war unverrückbar. Nicht ganz so eindeutig war der eventuell zu erwerbende Gegenstand. Klar war nur, etwas zum Anziehen muss es sein.

Dies war, wie sich bereits bei den ersten Schritten in diesem Einkaufsparadies

zeigte, eine Präzisierung, die keine war. Traumpullis in allen Farben und Mustern und aus allen möglichen Materialien, z. B. Seide mit Kaschmir oder Kaschmir pur! Einfach toll, zum Hineinkuscheln. Aber wann, bitte schön, soll ich so ein Prachtstück denn tragen, wenn die Dienstuniform aus Anzug und Krawatte besteht. Und im Übrigen, gelte ich denn nicht schon bei meinen Freunden mit zirka 75 Pullis als Pulloversammler?!

Aber Krawatten! Krawatten kann man nie genug haben und wie gesagt, die brauche ich ja täglich – fast täglich. Aber sollte man dazu nicht den Anzug dabei haben, damit auch alles passt? Und wie steht es denn mit der Anzahl der Krawatten, die im Schrank hängen? Habe ich denn nicht vor meiner Krankheit in einem kleinen Laden Folgendes zum Besten gegeben: „Entschuldigung, aber meine Auswahl an Krawatten in meinem Schrank ist größer als die in ihrem ganzen Laden."

Schals, ganz modisch – zu modisch!

Trachtenjanker – na toll, wohn ich in Oberbayern?!

Und außerdem, der heutige Tag verlangt nach was Größerem, Ausgefallenem, nach etwas Einmaligem.

Es dauerte ganz schön lange, bis ich die Rolltreppe zum ersten Stock erreichte. Dies lag nur zu einem ganz kleinen Teil an meiner noch nicht hundertprozentigen Motorik.

Erster Stock: Anzüge, nichts als Anzüge und welche Anzüge!

War es Instinkt, Glück oder purer Zufall? Auf alle Fälle rannte ich (na ja!) direkt auf die Abteilungen zu, die jedes Anzugfanherz höher schlagen lässt. Hier waren sie, die Anzüge der Spitzenklasse. Hier waren sie, die Anzüge mit den großen Namen: Armani, Givenchy, Gucci, Jil Sander, Prada, Valentino.

Ich hatte schon meinen Arm ausgestreckt. Meine Finger trennten nur noch Millimeter von einem nachtblauen Edelstück. Ich konnte den edlen Zwirn schon riechen. Da geschah das Unfassbare. Innerhalb von Sekunden wurde ich auf den Boden der Tatsachen zurückgeholt. Mit mir muss der Verkäufer, mächtig herausgeputzt und nach Davidoff Coolwater duftend, den Wettlauf auf besagten Anzugständer aufgenommen haben. Denn bevor ich eines der edlen Stücke endgültig berühren konnten, drangen folgende, niederschmetternde, mich aus allen Träumen reißende Worte an mein Ohr: „Mein Herr, dies sind die teuren Anzüge, die billigeren finden Sie auf der anderen Seite."

Oh Gott, sieht man mir meine Armut so an? Hatte ich Klamotten an, die ich bei Billigheimer und Co. gekauft habe? Mache ich ganz einfach so einen runtergekommenen Eindruck? Sollte ich ihm sagen, dass ich, wenn ich vielleicht einen Kleinkredit aufnehme und mein angespartes Krankenhaustagegeld dazu nehme, eventuell doch ….

Nein, ich entschloss mich, Selbstbewusstsein zu zeigen und sagte mit kräftiger Stimme und relativ laut: „Darf ich mich trotzdem hier umschauen?" Und wer hätte es gedacht? Ich bekam ein dahingehauchtes „Selbstverständlich" zu hören.

Dieses großzügige Angebot habe ich natürlich angenommen und zwar reichlich. Ich habe mich durch all die Konfektions-Kostbarkeiten gewühlt. Nein, nicht gewühlt, getastet, noch besser, gefühlt. Nach relativ kurzer Zeit hatte ich meinen ganz persönlichen Favoriten schon gefunden. Welch ein tolles Stück! Nicht ganz dunkelblau, aber auch noch nicht mittelblau mit einem etwas helleren dünnen Streifen – und das ganz Besondere: Aus Seide! Ein dunkelmittelblauer Seidenanzug! Damit nicht genug, weiß Gott nicht. Ein Blick auf die Innentasche brachte die nächste Sensation. Nicht Boss, nicht Zegna, nicht Windsor und auch nicht Joop, nein sage und schreibe Dior. Ein dunkel-mittelblauer Seidenanzug von Dior. Und das aller Sensationellste: in meiner Größe. Ein mitteldunkelblauer Seiden-anzug von Dior in Größe 25! Und der Preis? Er war schon ordentlich hoch und für einen, der aussieht wie ....,vielleicht zu hoch. Aber was soll's, wenn man wieder richtig gehen kann und im Übrigen auch noch das besagte Krankenhaus-tagegeld hat.

„Meine Größe" bedeutete aber noch nie, dass ich ohne Änderung irgendwo auf der Welt davon gekommen wäre. Noch nie gab es eine Hose, die nicht einen halben Meter zu lang gewesen ist. Warum sollte dies in diesem Nobel-Einkaufsschuppen anders sein? Diese prägenden Erfahrungen im Hinterkopf, fragte ich wieder recht selbstbewusst den Herrn Verkäufer (wahrscheinlich war er ja sogar Ober-verkäufer), ob ich das gute Stück anprobieren dürfe. Ohne allzu großes Zögern wurde mir diese Bitte gewährt. Übrigens wich während meiner ganzen Suchaktion der Ober-verkäufer höchstens zwei Meter von meiner Seite. (Wahr-scheinlich nach dem Motto: „Trau schau wem!")

Ich nahm also das Objekt meiner Begierde und ging zur nächstliegenden Umkleidekabine, die eher doch einem kleinen Umkleidezimmer glich, eben nobel, nobel. Hier bahnte sich nun ein Mutationsprozess sonders gleichen an. Ich probierte die Hose: Passte, allerdings nur am Bund. Also auch französische Männer sind im Durchschnitt weit größer als ich. Ich probierte die Jacke an: Perfekt. Das Ganze einfach wie gemacht für mich.

Was bisher bei Anzugkaufaktionen höchst selten der Fall war: Der endgültige Entschluss stand nach wenigen Minuten fest. Dieses Stück oder keines! Also rief ich meiner Begleitung, die während des ganzen Prozesses ruhig und gelassen die Geschehnisse mitverfolgte und Zeuge des Ganzen wurde, zu: „Ich nehme ihn. Gib schon mal die Adresse an, an welche das geänderte Stück geschickt werden soll.

Etwa zwei Minuten danach war die Welt nicht mehr die, die sie davor war. Als der Herr Oberverkäufer merkte, dass ich mit der Anprobe fertig war, wurde die Türe aufgerissen und mit einem angedeuteten Diener und im nettesten, freundlichsten, wärmsten Ton gesagt, nein ausgerufen: „Herr Prof. Dr. Ziegler, welch große Freude, dass Sie sich für dieses wunderschöne Stück entschieden haben. Ich kann Sie dazu nur beglückwünschen." Nach einer Schrecksekunde, fiel mir die Erklärung für diese Verwandlung ein: Meine Begleitung hat nicht nur meine Adresse angegeben, sondern auch meine ganzen „Vornamen".

Nun sah ich meine Chance gekommen, Rache zu nehmen und den Prof. Dr. wirklich zur Geltung kommen zu lassen. Ich verlangte, dass die Änderung ohne Berechnung zu erfolgen habe. Dem wurde selbstverständlich zugestimmt.

So recht zufrieden gestellt waren damit aber meine Rachegelüste noch nicht. Und hier kam mir ein Zufall entgegen. Als ich sehr elegant das Sakko auf einen edlen Mahagonitisch warf, sah ich eine kleine Verdickung im Stoff und zwar direkt am Revers. Ich wies den so netten Verkäufer darauf hin, dass es ja wohl nicht angehen könne, just an dieser exponierten Stelle, wo viele Leute ihr Rotarier- oder ihr Lionsabzeichen voller Stolz tragen, ich mit einer Stoffunebenheit herumlaufen müsse. Mit großem Eifer versuchte mein Verkäufer eine Erklärung und stammelt etwas von Naturseide, bei der es eben solche kleinen Unregelmäßigkeiten geben könne. Ich ließ dies alles nicht gelten und verwies auf den so extrem sichtbaren Mangel. Wer hätte es gedacht, der wunderbare Verkäufer stimmte mir voll zu und meinte, dass ihr hauseigner Schneider, der ja sowieso wegen der Hosenlänge kommen müsse, dies sicherlich reparieren kann.

Reparieren, dieses Wort war eine weitere Steilvorlage für mich. „Ja, schön und gut", sagte ich, „aber dann habe ich ja einen reparierten Anzug". Da dies nicht angezweifelt wurde, fuhr ich fort: „Und reparierte Stücke erhalten einen Preisabschlag." Meine Argumentation muss nicht nur einleuchtend, sie muss erschlagend gewesen sein. Ohne viel Handeln stimmt der hervorragende Verkäufer meinem Vorschlag zu: 60 Euro weniger.

Ich verrate es gerne: Nur dieser Abschlag bewahrte mich vor einer größeren Kreditaufnahme!

Offen und ehrlich I

Freitagabend, toll, endlich!

Nicht nur weil das Wochenende ins Haus stand, sondern weil wir einer schon sehr lieb gewonnenen Tradition nachkommen konnten. Immer am Freitagabend ging es in unsere Lieblingskneipe mitten in Stuttgart. Ein Bierchen (in Ausnahmefällen sogar mal zwei) war angesagt. Ein Bierchen zum Runterkommen, zum Ausspannen, zum Frei-Tage-Einläuten und vor allem zum Quatschen. Zum Quatschen mit dem Freund über Gott und die Welt. Dies im wahrsten Sinne des Wortes. Ich erinnere mich genau. An diesem einen Freitag war angesagt:

Das Wetter: Es ist viel zu kalt für diese Jahreszeit. Eigentlich ist dieser Sommer ein milder Winter. So etwas hat man doch noch nie erlebt. Man hat gar keine Lust, etwas zu unternehmen. Eigentlich sollte man auswandern – die Frage ist nur, wohin?

Die Politik: Die Opposition weiß alles besser, dabei hat sie ja auch nichts bewegt, als sie an der Regierung war. Eigentlich tut sich zurzeit gar nichts. Mehltau liegt über unserem Land. Ob die noch einmal gewählt werden, ist mehr als fraglich. Wenn es um ihre Diäten geht, ist man sich einig. Hat unser Parteienstaat überhaupt eine Zukunft? Was erwarten wir denn, wenn man sich diese Figuren so anschaut? Warum tun die so wenig gegen die Idioten von rechts?

Arbeitsplatz: Könnte mich zu Tode arbeiten. Mein Chef ist – mit Verlaub gesagt …

Ich versteh die Welt nicht mehr, warum müssen wir jetzt auch noch …

Ich hab das Gefühl, dass hier noch allerhand auf uns zukommt. Gott sei Dank ist mein Arbeitsplatz nicht durch einen Computer zu ersetzen.

Die Kirche (katholische): Seit Johannes der XXIII tot ist, sind die Fenster fest verschlossen. Die wissen doch gar nicht, wie das richtige Leben aussieht. Kein Wunder, dass keiner mehr Pfarrer werden will. Was haben die gegen Frauen – bei der Marienverehrung? Eigentlich erstaunlich, dass nicht noch mehr austreten. Selbst schon mal an Austritt gedacht? Enormer Autoritätsverlust. Ob es mal einen Papst aus Afrika gibt? Es gibt keine autoritärere Einrichtung als …

Gott: Manchmal könnte man glatt an ihm verzweifeln. Dass er dies alles zulässt? Der sollte mal so richtig … Also es gibt ein höheres Wesen, in welcher Form auch immer. Nenn es wie Du willst ….

Insgesamt alles Themen, die so brandaktuell waren, dass wir sie auch heute und auch noch in 10 Jahren unverändert hätten diskutieren können. Die absolute Quintessenz aus diesen so ergiebigen Gesprächen, ja manchmal leidenschaftlichen Diskussionen, hätte stets lauten können: Eigentlich kann man ja nichts machen. Eigentlich kann man zufrieden sein. Eigentlich darf man froh sein, dass …

Eigentlich – eigentlich ist es kein Wunder, dass meist eben ein Bier nicht ausreichte und dass sich regelmäßig zum Durst ein mehr oder wenig großer Hunger einstellte.

Die Speisenauswahl unserer Lieblingskneipe war für ein Bistro ausreichend. Dies war der Grund, warum ich häufig bei Wiener Würstchen mit Senf und Brot landete. Wobei ich nicht verhehlen will, dass ich dieser Labung durchaus etwas abgewinnen kann und ich sie deshalb doch recht häufig „genieße". Übrigens: Ich bin mir nicht mehr sicher, ob diese Wiener Würstchen nicht doch die Schwäbischen Saitenwürstle waren. Wie auch immer: Sie wurden bestellt, nach kurzer Zeit serviert, mit angemessenem Genuss gegessen, ohne dass sich ein allzu großes Sättigungsgefühl einzustellen vermochte.

Die freundliche Bedienung (es ging wirklich alles angemessen schnell) sah, dass das Werk vollbracht war und kam, um abzuräumen. Pflichtgemäß fragte Sie: „Hat es geschmeckt?" Und bevor ich auch noch meinen Mund öffnen konnte, um meine – positive! – Antwort loszuwerden, gab die freundliche Bedienung diese Antwort gleich selbst: „Gell, wie so ein Würstchen halt schmeckt".

Dieser klaren und doch so vielsagenden Äußerung konnte und wollte ich beim besten Willen nichts mehr hinzufügen. Ich bestellte ein zweites Bier.

EINE Krawatte

Um es gleich vorwegzunehmen: Es geht um eine, will hei-ßen um eine einzige Krawatte.

Aber der Reihe nach: In dieses Bekleidungshaus in der baden-württembergischen Landeshauptstadt gehe ich sehr gerne. Und gleichzeitig gehe ich in dieses Geschäft nicht sehr gerne. Schizophrenie? Mitnichten!

Ein kühler Herbstsamstag erinnerte mich unmissverständ-lich daran, dass der Sommer vorbei war und der Winter vor der Tür stand. Schon letzte Woche hat mich mein leichtes Sommeranzüglein doch sehr enttäuscht (oder war es doch eher das Wetter?). Wie auch immer, ich fror und ich hatte den Eindruck, dass der Winter unmittelbar bevorstand. Die Kälte – es war eigentlich mehr der kalte Wind – kroch in mich hinein. Mich fror es am Rücken und mit der Zeit wur-den nicht nur meine Beine, sondern auch meine Füße kalt.

Hier ist anzumerken, dass ein ordentlicher Schwabe zwi-schen Bein und Fuß keinen Unterschied macht. Der Fuß reicht ganz einfach bis zur Leiste. Apropos ordentlicher Schwabe: Auch nach einer 30 jähriger Bundeslandzugehö-rigkeit bin ich dies immer noch nicht. (Wahrscheinlich kann man dies auch gar nicht werden, weil dieses Privileg aus-schließlich durch Geburt erworben werden kann.)

Also mir war kalt und ich wurde immer unleidiger (um einen schwäbischen Ausdruck in das Hochdeutsche zu übersetzen). Und dieses Gefühl, diese Kälte, dieses Frieren spürte ich jetzt am Frühstückstisch im schon mal leicht geheizten Wohnzimmer.

Samstage und Sonn- und Feiertage unterschieden sich damals wie heute von gewöhnlichen Wochentagen durch das Ausmaß des Frühstücks: Orangensaft, Tee (entkoffeiniert wegen des Blutdrucks), Obst (es waren diesmal Ananasstücke), frische Brötchen (diese brachte ich bereits von meinem Nordic Walking in aller Herrgottsfrühe mit), Wurst und Käse und – ich wäre sonst unausstehlich geworden – Kuchen. Kuchen musste sein. Und wenn er nicht selbst gebacken war, dann ersatzweise eine Schneckennudel (für Nicht-Schwaben: „Hefeteigschnecke"). Dazu dann noch klassische Musik von SWR 2 oder BR 4 und die „Geislinger Zeitung" (Tiefschürfenderes – wenn nötig – kann ja später immer noch aus der „Zeit" oder der „Süddeutschen" bezogen werden.)

Zu so einem Frühstück gehört aber bis heute beim Übergang von der Käsesemmel zum Kuchen, respektive zur Schneckennudel, die Frage: „Und was machen wir heute?" Und immer gibt eine Seite die Antwort: „Weiß nicht." Und immer schließt sich dann eine längere Diskussion an, die an jedem Samstag die durchaus beachtenswerte Bandbreite der Einkaufsmöglichkeiten in der Großen Kreisstadt Geislingen an der Steige aufzeigt und dennoch ab und zu mit dem Vorschlag endet, dieses Gebiet auf die benachbarte Münsterstadt Ulm auszuweiten.

Dieses Mal war alles ganz anderes: Mein fröstelndes Gefühl im Rücken, kam meinerseits sofort der Vorschlag: Ich brauche einen Winteranzug, nein nicht direkt einen Winteranzug, eher einen Übergansanzug. (Die Winter waren ja in den letzten Jahren auch nicht mehr das, was sie einmal waren und man sitzt doch meistens in geheizten Räumen.) Und zu meinem und anderer Leute Erstaunen hatte ich auch gleich einen Ortsvorschlag, ja sogar schon einen Vorschlag für das schon erwähnte Bekleidungsgeschäft.

Es ging dann alles ganz schnell, selbst die Wahl des Verkehrsmittels war in kürzester Zeit erledigt. Wegen der angespannten Parkplatzsituation in der Landeshauptstadt wurde die Deutsche Bahn AG unterstützt.

Der Weg vom Hauptbahnhof Stuttgart bis zum Wunschgeschäft im Herzen der schwäbischen Metropole wurde schnell, da zielstrebig, zurückgelegt.

Schnurstracks ging es auch im Geschäft in die Anzugabteilung. Ein freundlicher Verkäufer empfing uns am Aufzug: „Grüß Gott, was kann ich für Sie tun?" Diese Frage konnte ich spontan und wie aus der Pistole geschossen beantworten: „Einen dunklen Übergangsanzug" und nach einer kurzen Schnaufpause fügte ich etwas leiser hinzu: „Es muss aber nicht gerade der Teuerste sein". (Mir fiel nämlich just in diesem Moment mein Seidenanzug ein, der ja meistens auch nur den Platz im Kleiderschrank wegnahm.). Der nette Herr Verkäufer sagte darauf: „Oh, da bin ich mir absolut sicher, das Richtige zu finden." Dies beruhigte und erzeugte das Gefühl, „bei dem bist du gut aufgehoben".

Dieses Gefühl wuchs zur Vollendung, als er auf Anhieb die richtige Konfektionsgröße wusste. Allerdings habe ich dann doch ein paar Sekunden lang darüber nachgedacht, dass ich diese Aussage als eine Beleidigung auffassen könnte. Er hätte ja auch eine Nummer kleiner nennen können. Aber der kompetente Verkäufer (wahrscheinlich war er sogar Teamleiter oder Abteilungsleiter oder sonst was höheres) hatte ja nun wirklich keine Schuld an meinen körperlichen Ausmaßen. Er sagte also nur die Wahrheit und dies mit absoluter Treffsicherheit.

Kaum waren wir an den richtigen Kleiderständern angelangt, wurden mir auch schon zwei Anzüge präsentiert, die absolut meinen Vorstellungen entsprachen. Also alte Jacke ausgezogen, Anzugsjacke angezogen – passte, passte perfekt. Und auch die Hose brachte keine Überraschung. Bund o.k., Länge gefühlte dreißig Zentimeter zu viel. Ganz gegen meine sonstigen Gewohnheiten und Erfahrungen beließ ich es bei dieser einzigen Anprobe, sodass gleich der Schneider zum Abstecken der Hosenbeine geholt werden konnte.

Der ganze Akt dauerte eigentlich keine zehn Minuten. Glücklich über meine Neuerwerbung: „So etwas hat in meiner Sammlung doch wirklich gefehlt!" Auf diese Weise ließ ich Nachentscheidungsdissonanzen erst gar nicht aufkommen!

Mit „oh, ja", beantwortete ich die Frage des tollen Verkäufers, ob ich auch noch vielleicht ein Hemd und eine Krawatte brauche. Dies war schlichtweg gelogen. Wenn man zuhause einen Schrank voll Herrenoberhemden hat, sortiert nach Farbabstufungen und mehr als 75 Krawatten auf unterschiedlichen Krawattenbügeln – ebenfalls streng nach Farben geordnet – hängen hat, dann kann man diese Frage eigentlich nicht mit einem überzeugenden Ja beantworten.

Wie auch immer, gesagt war gesagt und mein Betreuer zeigte mir nicht nur den Weg in das Parterre, wo die Hemden- und Krawattenabteilung domizilierte, er ging sogar mit (mitsamt der Anzugsjacke) und informierte eine schon etwas ältere Verkäuferin über meinen Wunsch.

Ab diesem Zeitpunkt bekam die ganze Geschichte eine totale Wendung. Diese begann mit der unmissverständlichen Frage: „Welche Hemdfarbe wollen Sie dazu tragen?" Ich nahm an, dass mit „dazu" ja nur mein neuer, noch nicht bezahlter Anzug gemeint sein konnte, und antwortete etwas stockend: „Ich – ich glaube weiß": „Weiß passt immer", kam es ohne jeglichen Zeitverlust zurück. Und schon war die Verkäuferin verschwunden, brachte ein weißes Hemd, steckte es in das Sakko und verschwand wieder, um nach kurzer Zeit mit einer Krawatte zurückzukehren. Diese wurde – wie bei solchen Demonstrationen üblich – mit einem angedeuteten Krawattenknoten in das Hemd gesteckt.

Und dann geschah es. Es geschah – nichts! Nichts, es wurde weder gesprochen noch fanden sonstige nonverbale Kommunikationen statt. Ich, besser gesagt wir (meine Begleitung und ich) starrten auf das Ensemble Krawatte in Hemd, Hemd in Sakko. Die Verkäuferin schaute sich die Gegend an, so als hätte sie diese heute zum ersten Male gesehen. Sekunden wurden zu Minuten und Minuten zu Stunden, gefühlt versteht sich.

Die ganze Sache erinnerte mich schwer an den alten Witz vom Beamtenmikado: „Wer sich zuerst bewegt, hat verloren." Danach hat die Verkäuferin verloren. (Oder hat ganz einfach der respektive die Klügere nachgegeben?) Sie hielt es anscheinend nicht mehr aus und sagte: „Und?" Weiter nichts! Und ich? Ich wusste nichts damit anzufangen, so dass wieder eine längere Pause entstand. Ich bzw. wir starrten wieder auf das Ensemble Krawatte in Hemd, Hemd in Sakko und die Verkäuferin schaute sich wieder die Gegend an. Diesmal war ich es, der sich zuerst bewegte und das Schweigen mit einem sanften „Ja und?" durchbrach. Diese Antwort veranlasste die Verkäuferin dazu, gleich zwei ganz Sätze zu formulieren – ohne Pause: „Was sagen Sie dazu? Gefällt sie Ihnen?" „Ja, nicht schlecht, aber ist dies Ihre ganze Auswahl?", kam ganz schnell von meiner Seite. Verkäuferin: „Wo denken Sie hin, natürlich haben wir noch mehr". Damit verschwand Sie wieder kurzfristig und kam, sage und schreibe mit einer weiteren Krawatte wieder. Mit ein paar Handgriffen nahm nun Krawatte zwei die frühere Position von Krawatte eins ein. Eigentlich war ich seelisch und moralisch schon darauf vorbereitet, dass nun wieder die bekannte Pause eintritt. Aber denkste, zu meiner völligen Überraschung kam jetzt sofort: "Und?" Nun hätte ich bestimmt mit ebenfalls schon bekannten Antworten eine weitere Runde einläuten können. Und garantiert wäre nach einer kleinen Unterbrechung sogar Krawatte Nr. drei hervorgeholt und in das Hemd und das Hemd in das Sakko gesteckt worden. Aber da ich die Verkäuferin nicht überfordern oder gar ausnutzen wollte, zog ich es vor, mich höflich für die besondere Bedienung zu bedanken und murmelte, dass ich erst meinen häuslichen Krawattenvorrat auf ein passendes Stück hin untersuchen müsse.

Ob die Verkäuferin noch heute ihre Kunden mit Krawatten überschwemmt, entzieht sich meiner Kenntnis. Ich ziehe seit dieser Zeit Läden vor, die mich durchaus bei der Auswahl fordern.

Wie aus einem Pullover eine Tasche wird?

Bevor ein neuer Lebensabschnitt, ein neuer Beruf, eine neue behördlich abgesegnete Gemeinschaft oder ähnliches beginnt, empfiehlt es sich Urlaub zu machen und zwar einen richtigen Erholungsurlaub. Zum einen soll dies dazu beitragen, den gerade verlassenen Lebensabschnitt, den alten Beruf usw. aus den Kopf zu bringen und alles mit Ehren endgültig zu beenden und zum anderen sollte der Kopf frei, alle Muskeln angespannt und alle Energien getankt sein für die anstehenden Herausforderungen im neuen Lebensabschnitt.

Auch ich habe mich an diese sicherlich uralte (wenn auch eben erst formulierte) Lebensweisheit gehalten. Vier Wochen bevor mein neuer Beruf (im Nachhinein sogar neue Berufung) angetreten wurde, gönnte ich mir 14 Tage (in Worten vierzehn Tage!) Urlaub auf der Trauminsel, der immerwährenden Frühlingsinsel, der Blumeninsel oder wie Madeira sonst noch in den einschlägigen Reiseprospekten genannt wird. Nichts auf der Welt konnte mich von diesem Entschluss abhalten: Weder die mahnenden Worte, ich sollte doch die Zeit zur gründlichen Vorbereitung meiner anstehenden Vorlesungen nutzen, noch die Warnungen hinsichtlich des so gefährlichen Landeanflugs auf den Flughafen Funchal.

Um es gleich vorweg zu sagen: Ich habe nichts bereut. Die Zeit der Vorbereitung reichte aus. (Dies zumal mir immer im Kopf der Spruch eines alten, erfahrenen Professorenkollegen rumschwirrte: „Du musst immer eine Seite weiter sein als die Studierenden!") Und der Anflug auf den und noch vielmehr der Abflug auf dem Funchaler Flughafen waren zwar tatsächlich abenteuerlich, aber keineswegs Furcht einflößend. Zumal man ja genügend Aussagen im Kopf hatte, die einen damit beruhigten, dass hier ja nur ganz erfahrene Piloten (und zwischenzeitlich bestimmt auch ebensolche Pilotinnen) eingesetzt werden und dass noch nie etwas passiert ist.

Die Insel hielt, was die Prospekte versprachen und dies auch im Januar: Frühlingshaftes Wetter mit Temperaturen um die 20 Grad. Blumen im Übermaß. Insbesondere die großen Weihnachtssternbäume oder -büsche hatten es mir angetan. Dies vor allem, weil mir unsere (erst unmittelbar vor dem Abflug entsorgten) Weihnachtssterntöpfe mehr als mickrig, ja sogar lächerlich vorkamen. Andererseits fand ich die mannshohen Kakteen, die mit bunten Glaskugeln behängt waren, genauso merkwürdig. Unvergessen sind natürlich die vielen Wanderungen entlang den Levadas, das Superessen mit Espetada (Riesenspieß mit Rind-fleisch) und Espada (schwarzer Degenfisch mit Madeira-Bananen) und auch die Teatime im berühmten Hotel Reitz in Funchal.

Ebenso in Erinnerung sind die tollen Einkaufsmöglichkei-ten: Blumen, Früchte (von den ich viele noch nie im Leben gesehen hatte), Lebensmittel, Strickwaren, Stickereien usw. usw.

Und von diesem Einkaufsparadies blieb ein kleiner Laden in besonderer Erinnerung. Dies gleich aus mehreren Grün-den: Zum einen war dieser kleine Laden fast nur auf einen

Artikel spezialisiert, der schon immer mein Interesse weckte und der deshalb folgerichtig auch ein Sammelobjekt wurde. Ob Sie es glauben oder nicht: Ich spreche von Pullovern! Ja, ich liebe diese kuscheligen Bekleidungsstücke, ja, ich finde diese besondere Strickware stets modisch, ja, ich habe davon etwa 70 Stück in verschiedenen Schränken. Und ja, ich trug zu dieser Zeit Pullover trotz allem sehr, sehr selten – berufsbedingt.

Also, dieser Laden war tatsächlich ein Pulloverparadies. Ich war froh, ihn entdeckt zu haben und habe ihn selbstverständlich sofort aufgesucht. Ein relativ wenig engagierter Herr zeigt mir drei Exemplare, die mir nicht so recht zusagten und ich deshalb den Laden unverrichteter Dinge wieder verließ. Aber schon am nächsten Tag war die Verlockung so groß, dass der Laden wieder heimgesucht wurde. Dieses Mal stand nicht der relativ wenig engagierte Herr hinter dem Ladentisch, sondern eine kleine, sehr nette, stets lächelnde Verkäuferin. Kaum hatte ich ihr deutlich gemacht, dass ich mich für Pullover interessiere, hatte ich drei an- und wieder ausgezogen. Obwohl von der Machart, von der Größe und von der Farbe völlig unterschiedlich, passten nach der nachhaltigen Beteuerung der kleinen Verkäuferin alle ganz wunderbar. Ich dagegen war nicht so überzeugt. Dies wiederum führte dazu, dass weitere drei Pullover angezogen werden mussten. Und auch jetzt war das Urteil der kleinen, netten Verkäuferin just das gleiche. Das ganze Procedere wiederholte sich sage und schreibe acht Mal, so dass sich nach knapp zwei Stunden 25 Pullover (einer wurde separat gebracht, weil der besonders schön und teuer war) auf dem Ladentisch türmten, denn die einmal probierten Stücke wurden für Vergleichszwecke liegengelassen. Meine kleine Verkäuferin trat nun

immer etwas zur Seite, um den Augenkontakt aufrecht-
erhalten zu können. Alle, alle 25 Pullover waren „wunder-
schön, passten ganz genau zu mir und kleideten mich hervorragend". Alle 25 hätte ich sofort kaufen müssen. So der
immer wiederholte und mit nicht nachlassendem Engage-
ment zu hörende Appell meiner Verkäuferin. Peinlich, sehr
peinlich war nur, dass mir von diesen 25 Pullovern so recht
keiner gefiel. Bei einem stimmte die Größe nicht, beim anderen mochte ich die Farbe nicht, der eine war mir zu dick,
der andere zu luftig, wieder ein anderer hatte zu lange Ärmel, der eine war zu schreiend, der nächste zu langweilig.
Kurz, keiner, kein einziger hatte all das, was nach Aussage
meiner kleinen Verkäuferin ein jeder hatte.

Es wurde mir unwohl: Einerseits die nette und immer noch
lächelnde Verkäuferin, die vielen Anstrengungen, die sie
unternahm, der Berg anprobierter Stücke, die enorme Zeit,
die mittlerweile verstrichen war und andererseits mein generelles und schon lang gültiges Credo: „Gekauft wird,
wenn mich etwas anspringt." Und dieses tat wirklich keiner
der aufgetürmten Strickwaren.

Ein Blick nach oben (weit über den Pulliberg hinaus) brachte die Rettung. Was erblickten meine schon etwas ermüde-
ten Augen? Etwa zehn wunderschöne Aktentaschen. Wer
denkt da noch an Pullover, angesichts dieser Pracht in Le-
der. Und diese Farben: Nicht nur das Businessschwarz,
nein, tolle Brauntöne, von ganz hell, über ein gediegenes
Mittelbraun bis zu einem fast schwarzen Dunkelbraun. Und
diese unterschiedlichsten Verarbeitungen. Toll! Wer nun
vermutet, dass ich mir jetzt noch zehn Aktentaschen ange-
schaut und evtl. dann doch nichts gekauft habe, irrt. Wie

war es doch nochmal mit meinem Motto und dem Anspringen? Bisher kannte ich dies nur bei Krawatten und – wie gesagt – bei Strickwaren. Jetzt war es eine nicht zu große, mittelbraune, toll verarbeitete, mit sichtbaren Nähten und goldenen Schließen versehene Aktentasche. Man hätte das Gesicht, das die Verkäuferin machte, als ich sie bat, mir exakt diese Tasche zu zeigen, zumindest in einem Foto festhalten sollen. Dieses bisher so lächelnde und freundliche Gesicht nahm im Bruchteil einer Sekunde eine gewisse Starre an. Dies verhinderte allerdings die Erfüllung meiner Bitte nicht im Geringsten. Das ursprüngliche Lächeln kam aber sofort zurück und wurde sogar noch intensiviert, als ich nach sage und schreibe 3 Minuten meine Kreditkarte zückte und dieses Prachtstück kaufte.

Ganz am Rande: Als die nunmehr strahlende Verkäuferin meinen Namen las, sagte sie freundlich aber mit festem Ton: „Dr. Werner – und sagt, er hat kein Geld."

Einen Nachklapp bin ich noch schuldig: Besagte Aktentasche wurde zu meinem Wegbegleiter während meiner gesamten Zeit als Professor an unserer Hochschule. Sie wurde gepflegt und auch ein paar Mal genäht. Je älter ich und meine Tasche wurden, desto öfter kam es vor, dass ich auf die Patina meines Lieblingsstücks angesprochen wurde. Und auch der Erwerb einer Designertasche in Mailand änderte nichts an der Liebesbeziehung. Während die Mailand-Tasche seit vielen, vielen Jahren wohl verpackt auf das erste Tragen wartet, ist meine Funchal-Tasche so etwas wie ein Stück von mir oder meiner Identität geworden.

Saunagelüste

Luxus muss sein! Dieses Motto muss ich wohl im Kopf gehabt haben, als ich mir in diesen Folgendes setzte: Eine Sauna muss her, egal, was es kostet und egal, wo ich diese unterbringe. Ich gebe zu, dass der zweite Punkt der schwierigere war. Aber da Not bekanntlich erfinderisch macht, brauchte ich eigentlich gar nicht soo lange, um das Raumproblem zu lösen. Unterm Dach, genauer gesagt in der Dachschräge ist doch noch Platz und – fast wie geplant – die Dusche ist auch gleich nebenan.

Der Architekt einer Wohnanlage, innerhalb der ich mich anschickte, eine Eigentumswohnung zu erwerben, machte doch ein etwas verdutztes Gesicht ob meiner Pläne. Er sagte kein Wort, aber seine Mimik sprach Bände: „Gibt es um alles in der Welt keine besseren Möglichkeiten beschränkte Räumlichkeiten besser zu nutzen, als mit einer Sauna – aber des Menschen Wille…" Gerade diese deutlichen, nicht gesprochenen Worte spornten mich an, mein Vorhaben ausführlich zu begründen. Und ob es der arme Architekt hören wollte oder nicht, er musste sich alle meine Argumente anhören: So eine Sauna bringt Lebensqualität. Gerade in so einem stressigen Beruf braucht man solche Erholungen. Mit meinen Hautproblemen mag ich gar nicht gern in öffentliche Saunaanstalten gehen. Was will ich denn sonst sinnvolles mit diesem Platz direkt unterm Dach anfangen? Solche Saunas kosten ja heutzutage nicht mehr die Welt. (Wie ich mich kenne habe ich bestimmt noch einige weitere Argumente gefunden und natürlich auch gleich von mir gegeben.)

Der geduldige Architekt hörte sich alles scheinbar interessiert an und sagte dann ganz lapidar und ob meiner Philippika für mich schon etwas enttäuschend: „Machbar ist alles." Ich ließ mir meine kleine Enttäuschung nicht anmerken, tat so als ob er euphorisch zugestimmt hätte und gab zur Antwort: „Oh, da bin ich aber sehr froh, dass Sie das genau so sehen wie ich. Ich hätte mir auch gar nichts anderes vorstellen können. Gleich morgen suche ich einige Saunahersteller auf."

Dies tat ich auch. Der Erste, den ich heimsuchte, machte mir gleich deutlich, dass er für eine solche absolute Sonderanfertigung nicht der richtige sei. Klare Antwort, klare Sache. Beim zweiten war dies ganz anders. Es beriet mich eine nette Dame, die sich in etwa vorstellen konnte, was ich wollte. Allerdings hatte ich von vornherein den Eindruck, dass die werte Bedienerin nicht richtig bei der Sache war. Entweder hatte sie einen schlechten Tag (so etwas soll es ja geben) oder sie hatte jetzt einfach keine gesteigerte Lust, einem so kleinen Störer etwas über unterschiedliche Saunas zu erzählen.

Dennoch zeigte sie mehrere Kästen aus verschiedenen Hölzern und unterschiedlichen Beheizungs- und Aufgussformen. Ich will nicht verhehlen, dass darunter durchaus ansprechende und interessante Teile waren, die ich mir gut unter meiner Dachschräge hätte vorstellen können. Eines fiel mir aber auf. Sehr häufig kam die Aussage: „Na, das sehen Sie ja selbst." Vielleicht war es ja gar nicht der generell schlechte Tag der Beraterin, sondern die Unsicherheit?

Die Klärung des Rätsels kam dann doch überraschend schnell.

Wieder hatte ich eine ganz spezielle Frage Ich weiß allerdings beim besten Willen nicht mehr, um was es konkret ging. Dafür kann ich mich an die Antwort der Dame absolut genau erinnern. Selbstbewusst kam von ihr die Antwort: „Das weiß ich nicht. Wissen Sie, ich bin kein Saunafan. Eigentlich mag ich die Dinger gar nicht." Jetzt war es raus und damit so manche Frage geklärt. Klar war für mich allerdings auch, dass ich meine Gesprächspartnerin nicht weiter mit diesen ungeliebten Dingern belästigen wollte. Mit dem Üblichen, „Na, das muss ich mir alles nochmals genau durch den Kopf gehen lassen", verließ ich auf Nimmerwiedersehen diesen Laden.

Damit ist diese Geschichte aber noch nicht zu Ende. Wie auch, wenn ich mir doch eine Sauna in den Kopf gesetzt habe?

Also jetzt eine mehr wissenschaftliche Vorgehensweise. Sekundärforschung! Zu Deutsch: Generelles Nachschauen in einschlägigen Zeitschriften und Zeitungen und im Internet und nach entsprechenden Anzeigen suchen. Kaum habe ich daran gedacht, fiel mir auch wieder ein, dass ich so etwas schon öfter in der ADAC-Mitgliederzeitschrift „motorwelt" gesehen habe. Auto und Sauna? Wie geht das denn zusammen? Antwort: „Schlecht! Aber darauf kommt es nicht an. Hauptsache die Anzeige wird von möglichst vielen potentiellen Saunabesitzern gelesen. Und dies trifft auf die „motorwelt" anscheinend zu. Dank meiner nicht sehr ausgeprägten Aufräum- und Wegwerfwut fand ich auch noch zwei dieser Zeitschriften, deren Erscheinungszeiten allerdings etwas auseinander lagen.

Neben allerlei Nützlichem, z. B. Treppenlifte usw. fand ich mehrere Anpreisungen von Saunaherstellern. („Anpreisungen" deshalb, um diesem alte Wort wieder einmal die Ehre zu geben.) Warum mich eine dieser Anzeigen besonders interessierte, kann ich eigentlich gar nicht so genau sagen. Es war weder die Größe der Anzeige (da gab es weitaus umfänglichere) noch war es die Aufmachung oder gar die Aussagen von wegen Jungbrunnen und so. Wahrscheinlich war es aber gerade die etwas schlichte aber doch liebenswerte Anzeigengestaltung, die mich veranlasste, Kontakt mit diesem Saunahersteller aufzunehmen.

Die Fabrik, besser die Manufaktur, lag nicht gerade in unmittelbarer Entfernung. Aber die Erwartung auf etwas ganz Besonders, machte den langen Anfahrtsweg erträglich. Es war Samstagnachmittag. Der Eigentümer hatte sich höchstpersönlich Zeit genommen, um uns zu begrüßen und um uns alle Möglichkeiten eines Schwitzkastens in meiner Dachschräge ausführlich zu erläutern. Sein von ihm entwickeltes System „free feeling", bei dem die Hitze von der Decke nach unten drückt, hörte sich sehr gut an. Sehr ausführlich ließen wir uns das System und die Vor- und Nachteile schildern. Letztere waren sehr wenige. Als ich nach all diesen Erläuterungen zugab, dass ich das Alles noch immer nicht richtig kapiert habe, holte der Saunainnovator zum finalen Schlag aus. Kurz und bündig lud er uns in seine Sauna ein, die gerade aufgeheizt wurde. (Zufall?) Nach einer kurzen Bedenkzeit, ob man so etwas annehmen kann, sagten wir: „Ja!" (Schon das Geld für den Besuch eines Wellnesscenters gespart.) Gott sei Dank haben wir das Angebot angenommen. Es war ein ganz hervorragendes Saunaerlebnis und dies nicht nur, weil alles kostenlos war, sondern vor allem, weil „free feeling" sich als absolut phantastisch erwies. Es war so beeindruckend, dass ich dieses System seit mehr als zwei Jahrzehnten mindestens einmal wöchentlich unter meinem Dach genieße.

Aber einen Nachteil hat die eigene Sauna dennoch: Man trifft dort immer nur die gleichen Leute.

Rundungsmethode

Warum es eigentlich unbedingt diese Sommerjacke sein musste, weiß ich heute nicht mehr. Und wenn ich ganz ehrlich bin, wusste ich es wahrscheinlich schon am Tag des grandiosen Kaufs nicht so recht. Ich hatte mir eben in den Kopf gesetzt, eine helle, leichte, Jacke zu brauchen, die man gegebenenfalls auch zu einem winzigen Knäuel zusammengepresst in irgendeine Tasche stecken kann. Und genau ein solches Stück glaubte ich in einem Ulmer Geschäft entdeckt zu haben.

Eigentlich stimmte alles, aber eben nur eigentlich. Der Preis übertraf bei weitem meine Vorstellungen. Nun setzten sämtliche Rationalisierungsmechanismen ein: Genau so etwas suchst Du doch schon lange! Die Farbe ist doch genau das, wonach du immer schon gesucht hast! Das Gewicht ist ja enorm! Man spürt ja gar nicht, dass man etwas an hat! Ja, und der Preis? Naja, es ist ja auch eine ausgesprochen gute Qualität und das Label ist ja auch nicht gerade von schlechten Eltern. Außerdem steht dieses Ulmer Geschäft eben für Erstklassiges und dies hat halt nun mal seinen Preis. Also zugreifen! Gedacht, getan.

Nein, nicht gleich. Da waren ja noch die Ärmel, die wieder einmal zu lang waren. Nicht sehr, aber doch etwas. „Was kostet es, die Ärmel zu kürzen", fragte ich den überaus freundlichen Verkäufer. (Wir kannten uns schon von manch anderen Einkäufen.) „15,80 Euro" kann prompt die Antwort. „Dies ist ja nicht gerade billig" „Nun, Sie müssen auch sehen, dass das Innenfutter auch gekürzt und die Knöpfe versetzt werden müssen". „Trotzdem – und wie lange dauert die Änderung?" „Da gibt es ein kleines Problem. Unsere Schneiderin ist krank und wir müssen es außer Haus geben. Also nächste Woche, Donnerstag. Das könnte ich Ihnen zusagen." „Fast eine Woche? Jetzt brauche ich die Jacke, jetzt ist der Sommer da. Ich weiß nicht, wie lange Hoch Hugo noch anhält". Und nicht ausgesprochen, aber gedacht: „Wenn ich die Jacke zu meinem Änderungsschneider bringe, der eigentlich fast jedes Kleidungstück auf meine Größe zurechtstutzen muss, dann geht dies erstens viel schneller und zweitens kostet dies bestimmt weniger.

Das war die Lösung schlechthin. Der Einstandspreis ermäßigte sich und ansonsten passte alles. Also zugelangt. Der Kauf war getätigt und die Kreditkarte und die Kundenkarte (eine von zig) gezückt.

Zu Hause angekommen, probierte ich meine neue Errungenschaft sofort noch einmal an. Naja, schön war Sie schon, aber halt auch teuer.

Gleich am nächsten Tag, es war Samstag, wurde die Jacke eingepackt und ab damit zum Lieblingsänderungsschneider. Der sagte zu, die Ärmel bis zum Montagnachmittag gekürzt zu haben.

So sieht Kundendienst aus dachte ich mir und vor lauter Freude vergas ich ganz darauf, nach dem Preis zu fragen.

„Nun, wie ich die Leute hier kenne, ist dies keine große Affäre. Es kostet bestimmt nicht die Welt."

Und so war es wirklich. Am Montag, kurz vor 18.00 Uhr (ich war mir nicht ganz sicher, ob die Öffnungszeit nicht um 18.00 Uhr endete) stand ich im Landen, den Abholzettel in der Hand. Wie versprochen, die Ärmel hatten die richtige Länge. Eine kurze Anprobe zeigte, dass Qualitätsarbeit geleistet wurde. Nun meine Frage: „Was bin ich schuldig?" Darauf die Antwort 12,40. Siehste! Meine Rechnung ging voll auf: Viel billiger und viel schneller als im Edelschuppen. Total zufrieden mit mir selbst, legte ich 13 Euro auf den Tresen. Der Schneidermeister suchte. Suchte in der Kasse, in seinem Geldbeutel, fragte seine Frau etwas (ich verstand es nicht), schaute in eine Blechdose und kam schließlich mit der Sprache heraus: „Ich kann nicht rausgeben. Haben Sie vielleicht vierzig Cent?" Ich musste verneinen, weil ich genau vor etwa fünf Minuten mein letztes Kleingeld in eine Butterbrezel investiert hatte. Anscheinend war nun guter Ratschlag teuer. Man merkte, wie die grauen Zellen heiß liefen. Nochmals wurde ich nach Kleingeld gefragt und nochmals musste ich verneinen. Und da kam mein Schneidermeister mit einer grandiosen Idee: „Wissen Sie was, wir machen einen runden Betrag daraus." Ich wollte mich schon für die Großzügigkeit bedanken, als der Nachsatz kam. „Die Sache kostet eben dann 13 Euro."

Normaler Weise bin ich gar nicht so begriffsstutzig. Aber in diesem Fall kam ich eigentlich erst zu Hause darauf, wie hier das Problem gelöst wurde. Zu meiner eigenen Überraschung wurde ich gar nicht böse, sondern musste lauthals lachen. Lachen über eine völlig unerwartete und noch nie erlebte Rundungsmethode.

Übrigens; Die Änderungsschneiderei ist immer noch die meinige und die Sommerjacke gehört zu den Kleidungsstücken, die eigentlich nur eine Funktion erfüllen, die beeindruckende Enge in meinem Kleiderschrank zu vergrößern – wenn auch nur ein wenig, weil sie ja' so leicht und so dünn ist.

Es geht um die Wurst

Ich bitte um Verzeihung, dass der nun folgende Bericht, wohl nicht ganz hält, was die Überschrift an Dramatik verspricht. Aber es geht im wahrsten Sinne des Wortes um die Wurst.

Es ist Freitagabend, eigentlich schon wieder Spätabend, und mir fällt ein, dass ich ja noch Zeit hätte ein paar Einkäufe zu erledigen – Schnell versteht sich, schnell wie immer.

Gott sein Dank bietet das Einkaufszentrum viele Parkplätze. Das Beste daran ist, dass es dort immer ein freies Plätzchen gibt und dass das Parken natürlich kostenlos ist. Bei „Einkaufzentrum" bin ich mir allerdings im Klaren, dass ich damit schon die Grenze zum Übertreiben zumindest leicht überschritten habe.

Wenn ich ganz ehrlich bin, war das morgige, also samstägliche Frühstück, die eigentliche Motivation meines Einkaufdranges. Also alles was zu einem bruncharthigen Frühstück gehört und was vermutlich die häuslichen Vorräte nicht mehr hergeben, mussten im Einkaufswagen sein, bevor die Kasse passiert ist. Alle? Nein, nicht alle, nicht der rohe und gekochte Schinken, nicht die Kalbsleberwurst, nicht das kleine Döschen mit Fleischsalat und auch nicht meine spezielle Wurst. Diese Groß-Frühstücksbestandteile konnte ich doch beim Wurst- und Fleischwarenladen außerhalb des Lebensmittelmarktes einkaufen.

Gesagt, getan – oder besser versucht zu tun.

Nun muss ich aber noch wichtige Details klären. Bei meiner speziellen Wurst handelt es sich nicht um irgendeine Wurst und schon gar nicht um einen Aufschnitt. Nein, ein Frühstück für mich ist erst dann ein richtiges, wenn ich von einem Stück Schwarzwurst einige Rädchen abschneiden kann. Das Dumme ist nur, dass außer mir zu Hause keiner einen solchen exquisiten Geschmack hat. Niemand, wirklich niemand, lässt sich von der Delikatessenhaftigkeit einer solchen Frühstückbereicherung überzeugen. Nicht einmal: „Probiert doch wenigstens einmal, Ihr werdet sehen, was Euch entgeht", hatte jemals den geringsten Erfolg.

Die einzige Schlussfolgerung daraus konnte also nur lauten: Das zu kaufende Stück Schwarzwurst muss ein sehr kleines Stück sein.

Soweit meine Vorbemerkung.

Zunächst Freude: Kein Mensch vor mir an der Wursttheke.

Eine leidlich freundliche (für schwäbische Verhältnisse vielleicht schon fast normal freundliche) Bedienung begrüßte mich und fragte nach meinen Wünschen. Ich bekam ohne irgendwelche Auffälligkeiten meinen gekochten Schinken, meinen rohen Schinken, meine Kalbsleberwurst und mein Becherchen Fleischsalat. Also alles genau so, wie es zu erwarten war und ist. Umso größer das sich nun anbahnende Fiasko.

Auf meine Bitte: „Ja und jetzt möchte ich noch ein Stück Schwarzwurst", kam von der leidlich freundlichen Bedienung: „Einen ganzen Ring oder einen halben?" Schlagartig kam ich ins Grübeln. Sollte mir hier etwas entgangen sein? Sollte ich hier etwas übersehen haben? Etwa, dass hier nicht wie gewohnt 100-Gramm-Preise sondern Ring- bzw. Halbringpreise gelten?" Und da ich sah, dass die leidlich freundliche Bedienung eine Antwort erwartete, stammelte ich: „Weder noch, ich brauche nur etwa so ein Stück und zeigte auf eine Spanne zwischen meinem Daumen und meinem Zeigefinger, also so etwa sieben Zentimeter. Oh, was habe ich damit angerichtet! Zunächst erntete ich ein ungläubiges Schauen. Dieses steigerte sich zu einem beängstigenden Augenrollen und endete in einem energischen Kopfschütteln. Begleitet wurde das Ganze von folgender, unmissverständlichen Mitteilung: „Was man so alles erlebt. Ja denken Sie vielleicht, ich schneide Ihnen so ein winziges Stück ab und bleibe dann auf der angeschnittenen Wurst sitzen?"

Komplett verwirrt, ja eingeschüchtert, wurden etwaige Regungen eines Widerspruchs im Keim erstickt. Ich weiß nicht einmal mehr, ob ich ein „ist ja gut" stammelte oder nicht einmal dies. Eines weiß ich aber noch sicher. Ich überlegte mir, ob ich auf die anderen, schon für mich parat gelegten Wurstwaren verzichten sollte. Ganz nach dem Motto: „Strafe muss sein." Der Gedanke an meinen leeren Kühlschrank belehrte mich jedoch eines Besseren. Und auch die Vorstellung, noch woanders hinfahren zu müssen, hielt mich von der Aktion ab. (Obwohl sie mir sicher gut getan hätte!) Aber eines stand hundertprozentig fest: In diesem Laden werde ich künftig weder einen gekochten Schinken, noch einen rohen Schinken, noch eine Kalbsleberwurst, noch eine kleine Dose Fleischsalat einkaufen. Ich werde gar nichts mehr dort einkaufen, auch wenn ich meine Schwarzwurst scheibchenweise bekäme!

Dies alles hat sich aber erübrigt, denn offenbar haben andere Kunden auch diesen „Superservice" erfahren. Kurz nach der geschilderten Begebenheit wechselte der Betreiber. Übrigens: Beim Neuen bekomme ich wieder ein kleines Stück Schwarzwurst und einen super Schinken.

Leuchtend grüne Krawatte

Ach, was kann man nicht alles anfangen mit den Tagen zwischen Weihnachten und Neujahr. Mit den Tagen, die von den Bildungsbürgern so gerne als die „Zeit zwischen den Jahren" bezeichnet werden. Eine dieser „Zwischenzeiten" verbrachte ich wieder einmal in der bayerischen Landeshauptstadt. München hat etwas – gerade für einen Kleinstädter. Diese Kultur, diese Internationalität, diese bayrische Herzlichkeit (naja?!) und diese Geschäfte. Für einen Krawattenfan (Sie wissen es ja schon: Krawattenfetischist und so.) ist München ein wahres Mekka: Alle Farben, alle Muster (allerdings auch hier überwiegt der nicht totzubringende Streifen) und vor allem alle Preislagen. Von „zwei für 10 Euro" bis 280 Euro für eine. Hier muss man Zeit mitbringen, um diejenige zu finden, die einen anspringt. Und auch das Umfeld muss passen: Schönes Wetter, gute Laune, Überbleibsel vom Weihnachtsgeld. An diesen Tagen passte dies alles, wobei letzteres wirklich nur noch ein kleiner Rest war.

Bei herrlichstem Winterwetter machte ich die bekannten Einkaufsstraßen und vor allem die bekannten Herrenausstatter unsicher. Ob große Kaufhäuser oder kleine Boutiquen, ob der Generalist oder der hochspezialisierte Krawattenladen, alle wurden heimgesucht. Dies war auch bitter notwendig. Denn anders als sonst, wo ich mehr auf das schon angesprochene „Anspringen" aus war, wusste ich diesmal genau, ganz genau, was ich wollte. Ich wollte eine grüne Krawatte. Das Grün musste ein kräftiges sein, ohne dass es wie Neongrün aussah und die Krawatte musste eine In-Sich-Musterung haben, wobei ich hier großzügig war: Entweder bedruckt oder eingewebt. Was aber auf gar keine Fall sein sollte: Streifen. Streifen geht gar nicht, weil ich derartiges schon selbst zum Verkauf anbieten könnte. Paisley? Ja, schon eher. Muss aber nicht unbedingt sein.

Solche klaren Angaben müssen doch zum einen jedes Verkäufer(innen)herz erfreuen und solche detaillierten Vorstellungen müssen doch zu einem relativ raschen Einkaufserfolg führen. Denkste! Genau das Gegenteil war der Fall.

Bei den ersten Geschäften verzichtete ich darauf, das Verkaufspersonal zu belästi-gen. Ich schaute und suchte, suchte und schaute. Es waren hunderte und aberhunderte von Krawatten da, aber keine in leuchtendem Grün …

Der fünfte besuchte Laden war ein großes Herrenspezialgeschäft. Auch eines meiner Lieblingsgeschäfte, dem immer ein gewisser Vorschussbonus eingeräumt wurde. Allerdings setzte ich auch stets hohe Erwartungen in es. Also hoch in den zweiten Stock. (Oder war es doch der dritte?) Und was sehe ich da? Genau das Grün, genau das Muster. Toll, toll und nochmals toll. Wie wenn man mich bei der Herstellung gefragt hätte. Meine Freude wurde nur dadurch getrübt, dass das leuchtende Grün, das In-Sich-Muster nicht zu einer Krawatte gehörte, sondern zu einem Einstecktuch. Aber wenn es so etwas außergewöhnlich Schönes, Modisches, Schickes schon als Einstecktuch gibt, wird es ja wohl keine große Kunst sein, genauso eine Krawatte zu finden. Und der große Vorteil war ja nun, dass ich jetzt dem Verkaufspersonal zeigen konnte, was ich ganz exakt wollte.

Das leuchtend grüne, in sich gemusterte Einstecktuch wie eine Trophäe vor mich hertragend, sprach ich die nächste Verkäuferin an, die mir über den Weg lief. Ich erklärte ihr, dass ich genau eine solche Krawatte haben möchte und zwar ganz genau eine solche. Sie schaute mich doch etwas sehr herablassend an und meinte sehr schnell und lapidar: „Eine solche gibt es nicht. Aber wir haben bestimmt etwas Ähnliches." Dahin war meine Euphorie. „Etwas Ähnliches" bedeutet selten etwas Gutes. Und so kam es auch. Nein, es kam noch viel schlimmer. Nach einer kurzen Zeitspanne (eine sehr kurze, wie ich fand) kam die Dame und brachte drei Krawatten. Alle drei waren nicht leuchtend grün. Doch – eine, allerdings war diese neongrün. Zwei waren gestreift und eine unifarben. Ich legte das Einstecktuch, das ich bis dorthin immer noch in der Hand hielt, auf die drei mitgebrachten Exemplare, sagte kein Wort und schaute die Expertin scharf an. Diese empfand dies keineswegs als unangenehm oder als Ausdruck meiner Enttäuschung. Ganz im Gegenteil. Ich hatte den Eindruck, dass sie sich durch meine Sprachlosigkeit noch ermuntert fühlte. Im Brustton der Überzeugung sagte sie: „Na, da ham ma doch drei schöne Exemplare, die dem Tücherl sehr ähnlich schaun." Meine temporäre Sprachlosigkeit hielt an und ich brachte mit Müh und Not ein, „nee, sehe ich überhaupt nicht so", heraus. Ich drehte mich um und ging. Ging in mein Hotel und sinnierte mindestens zwei Stunden darüber nach, wer von uns beiden jetzt unter totaler Geschmacksverirrung litt.

Ich hatte keine Lust mehr auf einen Krawattenkauf. Das Gute daran war, dass ich jetzt Zeit für die wunderbare Ausstellung „Pracht auf Pergament" hatte, die mich für vieles entschädigte, aber mir halt nicht zu einer leuchtend grünen, in- sich- gemusterten Krawatte verhalf.

Wieder zu Hause, griff ich in meiner Not auf eine Einkaufsmöglichkeit zurück, die ich eigentlich nur in Ausnahmefällen wähle, das Internet. Ja, ich bestellte dort eine leuchtend grüne Krawatte. Und ja, ich schickte diese wieder zurück, weil sie halt doch nicht so leuchtend grün und in-sich-gemustert war.

Zuerst das Formular

Von vielen Verwandten und von vielen guten und auch weniger guten Bekannten wurde mir im Laufe meines bisherigen Lebens berichtet, was Nierenkoliken sind und vor allem, was damit verbunden ist. Nämlich Schmerzen, Schmerzen und nochmals Schmerzen. „Zum Haareausreißen", „zum Wändehochklettern", „zum Ausderhautfahren", „zum Putzabkratzen", „zum am Kronleuchterhängen", „zum Spiegelmorden", „zum Wandschrankzerlegen" waren nur einige der dabei gebrauchten bildhaften Beschreibungen. Mein Mitleid war stets groß und doch saß (beim einen mehr und bei der anderen weniger weit hinten) in meinem Hirn immer der nicht auszulöschende Gedanke: „Naja, so schlimm wird es schon nicht gewesen sein." Damit lebte ich recht gut.

Es lebte sich sogar sehr lange gut damit. So lange, bis, ja bis ich eines Tages wieder einmal versuchte, zumindest einen kleinen Teil meiner überschüssigen Pfunde loszuwerden. Und – ich gestehe es – auch meine Freunde von der Weißkittelfront meinten, eine gewisse Gewichtsreduzierung könnte dem allgemeinen Gesundheitszustand nur förderlich sein. Diesem generellen und total nachvollziehbaren Ratschlag schlossen sich dann noch unzählige Details an, wozu eine Gewichtsabnahme noch beiträgt und welche überaus positiven Auswirkungen auf die – was weiß ich nicht alles – hat: Du kannst besser durchschnaufen! Du kannst dich schneller bewegen! (Wozu?) Jedes Kilo weniger kommt deinen Knochen zu Gute! Du fühlst dich viel freier! Du wirkst jünger! (Muss ich alt aussehen!) Deine alten Klamotten passen wieder! (Dies ist wirklich ein schlag-kräftiges Argument!) Übergewicht schadet generell der Gesundheit! Und und und.

Wie auch immer, diesen geballten Argumenten kann sich kein Mensch entziehen –

zumindest ich nicht. Also, her mit der nächsten In-Diät. Und wie ein Geschenk des Himmels, sie lag ganz einfach in der Luft. Wo man sich auch immer aufhielt, ob im Büro, bei Freunden, auf dem Sportplatz (beim Zuschauen), einem Thema konnte man damals nicht ausweichen. Ich nehme an, dieses alles beherrschende Thema hat das sonst im Mittelpunkt stehende Thema ganz einfach in den Schatten gestellt, nämlich das zu kalte, zu warme, zu nasse, zu tro-ckene, zu neblige, zu windige Wetter. Dieses fast-wetter-verdrängende Thema hieß: Kraut- (oder) Kohldiät. Wahre Wundergeschichten wurden erzählt: 4 Kilo weg in nur 4 Tagen; 10 Kilo weniger in 14 Tagen; 15 Kilo schlanker in 3 Wochen. Und das Beste daran: Dies alles ohne hungern! Ohne hungern? Ja, wirklich – ohne zu hungern. Wenn der kleine (oder auch große) Hunger kommt, ganz einfach es-sen und zwar Kohlsuppe und eben nur Kohlsuppe.

Der gesamte Diätplan sah so aus:

Tag 1: alle Sorten von Obst (aber keine Bananen und Wassermelonen) und so viel Kohlsuppe wie gewünscht

Tag 2: frisches, rohes Gemüse und so viel Kohlsuppe wie gewünscht

Tag 3: Bananen mit fettarmer Milch und so viel Kohlsuppe wie gewünscht

Tag 4: Obst und grünes Gemüse und so viel Kohlsuppe wie gewünscht

Tag 5: 500g mageres Fleisch und so viel Kohlsuppe wie gewünscht

Tag 6: Fleisch und grünes Gemüse so viel man möchte und so viel Kohlsuppe wie gewünscht

Tag 7: Vollkornreis, grünes Gemüse und so viel Kohlsuppe wie gewünscht

Tag 8: Belohnungsessen. Mittag- oder Abendessen nach Lust und Laune und so viel Kohlsuppe wie gewünscht

Wer hätte bei einem solchen opulenten Angebot mit eingebauter Abnahmegarantie Nein sagen können? Also schnell die Ingredienzien eingekauft und drauflos gekocht. (Ich wundere mich heute noch, dass die Kohlbestände nicht ausgingen.)

Wider Erwarten schmeckte diese Wundersuppe gar nicht so schlecht – zumindest am ersten Tag. Aber tapfer wie ich nun mal bin, wurde sie auch am zweiten, dritten, vierten und fünften Tag gelöffelt. Ich fühlte mich als ein wahrer Hero: Eine ganze Woche durchgehalten. Und nach einer Woche Eisernheit konnte nun der Härtetest kommen: die Waage. Splitternackt ausgezogen (schließlich wiegt so eine Calvin-Klein-Unterhose ja Gott weiß wie viel!) und den mutigen Schritt auf die Waage gemacht. Davor allerdings dieses Ding noch genau eingestellt, denn auch hier kann schnell ein Gramm ungerechtfertigter Weise zu viel angezeigt werden. Erst als alle möglichen negativen Einflussfaktoren ausgeschlossen waren, wurde der kleine Schritt auf die Waage gemacht. Mit Müh und Not konnte ich die Anzeige entziffern, so ganz ohne Brille, denn auch die wiegt schwer und war deshalb bereits abgelegt. Ich schaute einmal und ich schaute zweimal und auch beim dritten Mal konnte ich es nicht glauben. Ich hatte tatsächlich 4 kg (in Worten vier Kilogramm!) abgenommen. Natürlich stieg ich nicht gleich wieder von der Waage, sondern rief erst noch meinen Freund, damit dieser auch dieses Wunder sehen konnte. Das Ganze nicht wegen meiner Eitelkeit, sondern ausschließlich wegen der Vorbildfunktion!

Meine Freude war so groß, dass ich an dem im Diätplan vorgesehenen Belohnungsessen („Essen, was Spaß macht") auch gleich meine besten Freunde teilhaben lassen wollte. Spontan habe ich sie für Samstagabend zum Essen eingeladen. Das Freude-über-Abnahme-Menü war schnell zusammengestellt, da man ja den Geschmack seiner Freunde kennt: Melone mit Parmaschinken – Spaghetti mit selbstgemachtem(!) Pesto und Tiramisu als Dessert. Letzteres wurde schon einige Stunden vorher zubereitet und das andere war ja ganz schnell gezaubert. Dies alles sparte so viel Zeit, dass man noch schnell zwei Saunagänge einschieben konnte. Also Sauna eingeschaltet (Sie erinnern sich „free feeling und so!), eine Stunde gewartet und dann mit Wasserkübel, „Apfel-grün-Saunaaufguss", Freund und 4 Kilo weniger in den Schwitzkasten. Wie immer war alles toll, kaum gesessen, schon geschwitzt. Aber plötzlich wurde alles völlig anders. Zuerst wenige und dann aber heftige, sehr heftige, Schmerzen in der rechten Seite. Sofort wurde der Schwitzkasten verlassen, aber noch an der Saunatür wusste ich, was „Schmerzen zum Putzabkratzen" sind. Mit Tränen in den Augen wollte ich nur eines: Schnell zum Arzt, damit der irgendetwas macht, egal was. Blitzschnell war der ärztliche Notdienst ausfindig gemacht, blitzschnell war ich geduscht (soweit es eben ging) und angezogen, blitzschnell saß ich im Auto und ebenso blitzschnell war ich in der Praxis einer netten niedergelassenen Ärztin.

Ach ja, dazwischen wurden noch schnell die Freunde ausgeladen.

Aber bevor ich in die rettenden Hände der Medizinerin gelangen durfte, musste eine Hürde in Form einer älteren Sprechstundenhilfe genommen werden. Diese hatte eine Fülle von Fragen: „Waren Sie schon einmal bei uns?" „Welche Vorerkrankungen haben Sie?", „Wie heißt der behandelnde Hausarzt", „Wo sind Sie krankenversichert?", „Liegen Allergien oder Unverträglichkeiten vor?" „Was ist mit ...?" Ich wusste nur noch eines: Ein weißer Türrahmen war da und in diesen krallte ich meine Fingernägel, während meine Augen nass und nässer und meine Figur krumm und krümmer wurde. Dies alles sah weder die vorbeihuschende Ärztin und schon gar nicht die fragenstellende Arzthelferin. (Naja, sie heißt ja auch Arzthelferin und nicht Patientenhelferin!).Dies alles sah aber meine Begleitung. Ansonsten ein sehr ruhiger Zeitgenosse, aber er kann auch anders. Und für ihn war dies einer der seltenen Momente, die Fassung zu verlieren und darauf los zu poltern: „Was sollen denn die Fragen? Sehen Sie nicht wie schlecht es Herrn Dr. Ziegler geht? Wo bleibt eigentlich die Ärztin? Letzte Frage beantwortete sich in der selben Sekunde. Frau Doktor führte mich schnurstracks in ein kleines Behandlungszimmer und ehe ich mich versah, lag ich schon auf einer Liege mit weißem Papierbezug, hatte das verlängerte Rückgrat freigemacht und Frau Doktor hatte eine

Spritze in der Hand und sagte das geflügelte Wort: „Es gibt jetzt einen kleinen Piks". In der Tat war der lächerlich, ja kaum zu spüren zumal angesichts meiner Kolikschmerzen.

Auch heute noch kommt es mir wie eine Wunderheilung vor. Die Nadel hatte noch nicht mein Hinterteil verlassen und die Schmerzen waren schon weg. Mit jugendlichem Schwung verließ ich die Liege und bedankte mich überschwänglich bei meiner Retterin. Diese ließ sich nun den Hergang genauer schildern und meinte dann: „Dies ist kein Wunder. Das schnelle Abnehmen und die Schwitzerei müssen zu solchen Erscheinungen führen." Übrigens: Diese Weisheit habe ich in den folgenden Wochen noch von vielen mir bekannten Medizinmännern gehört. Ich antwortete darauf stets mit der Feststellung: „Gut, dass ich dies jetzt weiß. Es wäre mir aber viel lieber gewesen, wenn du mir das vorher gesagt hättest!"

Meine Ärztin gab mir noch viele Ratschläge mit auf den Weg (von wegen viel Trinken, viel Bewegen usw.) und ein Rezept gegen starke Schmerzmittel, falls die Schmerzen wiederkommen.

Sicherheitshalber wurde das Rezept bei der notdiensthabenden Apotheke eingelöste, die Pillen wurden aber – Gott sei Dank – nicht gebraucht!

Und weil alles so wie vor dem Saunagang war, wurden die Bekannten schnell wieder eingeladen. Die Spaghetti mit selbstgemachtem Pesto schmeckten wunderbar, der Chianti mundete vorzüglich und der Grappa hinterher schadete nichts. Nur auf das Tiramisu verzichtete ich – man kann ja nie wissen!

Bekanntheitsbonus

Noch nie verließ ich das schwäbische, gut bürgerliche Restaurant unzufrieden. Immer schmeckte alles wunderbar: Frisch zubereitet mit vielen Kräutern, nichts Gewöhnliches, aber eben auch nichts Überkandideltes. Die Preise nicht sehr tief, aber auf gar keinen Fall zu hoch. Angemessen! Dies Wort trifft den Nagel auf den Kopf. Angemessen die Ausstattung, die Essensauswahl, die Weinangebote, die Freundlichkeit der Bedienung.

Zwischen den beiden letzten Besuchen lag – warum auch immer – eine längere Zeitspanne. Wir waren deshalb besonders froh darüber, dass uns diese Speisegaststätte zur richtigen Zeit wieder einfiel und setzten die Idee, dort einzukehren, gleich in die Tat um.

Es hatte sich einiges verändert. Die Tische waren etwas aufwändiger dekoriert, die Papierservietten durch Stoffservietten ersetzt und mit künstlerischer Falttechnik bearbeitet. Die Speisekarte war neu. Einige völlig neue Gerichte standen darauf. Manches davon klang sehr interessant. Verschiedene Brote und unterschiedliche Aufstriche bildeten den Auftakt, gefolgt von einem sehr leckeren „Gruß aus der Küche." Uns fiel auf, dass alles mit großen zeitlichen Abständen geschah. Es dauerte eine lange Zeit bis wir bestellen konnten und die erwähnten Entrees serviert wurden.

Dies alles sollte sich aber noch steigern. Nach sage und schreibe 45 Minuten wurde die Vorspeise serviert und auf den Hauptgang mussten wir weitere knapp 50 Minuten warten. Dies alles verleidete den bis dorthin schönen Abend im zunehmenden Maße. Letztendlich war ich so sauer, dass ich auf den Nachtisch verzichtete und selbst den sonst üblichen Espresso ausschlug. Ich wollte nur noch nach Hause. Das Gefühl, am Tisch verhungern zu müssen, ist ein gar schauderhaftes!

Die Frage, die mich umtrieb, war, wie konnte dies passieren? Lag es vielleicht daran, dass das Lokal total ausgebucht war? Nein, die Besucheranzahl war sehr überschaubar. Lag es an der Langsamkeit des Herrn Ober? Ja, schon eher.Er war in der Tat nicht der Schnellsten einer.

Aber es gab noch einen weiteren, wichtigen Grund. Als kurz nach unserem Eintreffen eine kleine Gruppe von 3 oder 4 Männern kam, kam der – neue – Chef aus seiner Küche gestürmt und begrüßte alle herzlich und vor allen Dingen lauthals. Diese Gruppe muss etwas ganz besonders dargestellt haben. Immer und immer wieder kam der Chef an diesen Tisch und unterhielt sich lauthals mit den Gästen und zwar auf Englisch. Auf diese Weise haben alle Anwesenden auch gleich erfahren, dass der neue Chef nicht nur gut kochen kann, sondern eben auch in der Lage ist, sich in Englisch zu unterhalten. Ich muss wohl nicht erwähnen, dass diese Herrschaften nicht sehr lange auf Ihren Aperitif, auf ihre Getränke und vor allem auf Ihr Essen warten mussten. Es schien sich alles nur um diese Boygroup zu drehen. Zum Nachteil der übrigen Gäste und zum großen Nachteil von uns. Es muss gar nicht gesagt werden, dass der Chef keine Zeit hatte, kurz an unseren Tisch zu kommen um zu fragen, ob alles in Ordnung ist.

Ich gebe es vollumfänglich zu: Beim alten Chef waren wir die Bekannten. Er wusste wer und was man ist. Wir wurden deshalb mit zuvorkommender Höflichkeit behandelt und genossen natürlich auch einen hervorragenden Service. Früher waren wir es, die vom Chef höchstpersönlich bedient wurden. Früher waren wir es, mit den sich der Chef ausführlich unterhielt. Früher waren wir es, die nicht sehr lange auf Ihre Essen warten mussten. Früher waren vielleicht wir die, die dazu führten, dass die anderen Gäste benachteiligt wurden. Allerdings hatten wir niemals diesen Eindruck! Alle waren gleich und wir – vielleicht – etwas gleicher.

Bleibt die Hoffnung, dass der neue Chef auch noch entsprechende Informationen erhält.

Offen und ehrlich II

Obwohl ich ja eher das flache Land mit seinem schier unendlichen Horizont liebe, wo man den Blick ganz einfach schweifen lassen kann und wo der alte Spruch gilt: Man sieht am Samstag schon, wer am Sonntag zum Kaffeetrinken kommt, bin ich doch ab und zu auch gerne in den Bergen.

Nun zähl ich weiß Gott nicht zu denen, für die ein Berg nur eines hervorruft, nämlich das nicht zu unterdrückende Verlangen, ihn zu besteigen. Nein, für mich sind Berge ganz einfach schön und dies auch (und vielleicht sogar gerade) von unten. Sie flößen mir Respekt und manchmal sogar etwas Furcht ein. Wegen meiner generellen Ausrichtung, lieber etwas zu wenig Sport als auch nur ein kleinwenig zu viel, kommen für mich also vor allem ausgedehntere Spaziergänge oder leichtere Wanderungen in Frage. Natürlich darf schon etwas Steigung dabei sein, aber bitte nichts übertreiben. Eine Seilbahn oder ähnliches in unmittelbarer Nähe, quasi als Sicherheitspolster, wirkt sich bei mir durchaus motivierend aus.

Für mich gehört zu einem Gebirgsaufenthalt auch, dass ich mich im Tal umsehe. Es gehört dazu, dass ich durch die Städte und Dörfer schlendere, mir – soweit vorhanden – die Schaufenster anschaue und durchaus ab und zu auch etwas kaufe. Es muss ja nicht gleich eine Krachlederne sein. Aber so ein wenig, ein ganz kleinwenig Tracht oder wenigstens ein wenig Landhausstil kann man doch sicherlich auch im Schwabenland tragen. (Ich habe es ausprobiert: Es geht wirklich. Es geht, ohne entsprechende Kommentare in Richtung „Holleri di" anhören zu müssen.)

Was natürlich auf alle Fälle dazugehört, ist das möglichst nicht zu geringe Testen der örtlichen Gastronomiebetriebe und (selbstredend) der regionalen Küche. Es darf dann schon ein Schweinsbraten mit Kartoffelknödeln, ein saures Lüngerl mit Semmelknödeln, eine Schweins- oder Kalbshaxen sein. Was dabei auf gar keinen Fall fehlen darf, ist vorneweg eine Leberknödelsuppe. Für eine Nachspeise bleibt dann meist kein Platz, obwohl es ja da auch wunderbare Dinge gibt, z. B. Germknödel, Bayerische Creme, Äpfelkücherl usw. – ach ja!

Und weil die Portionen groß und der Magen (Gott sein Dank) zu klein ist, muss auf letztgenannte Schmankerln meist verzichtet werden. Ja, es muss sogar einer eventuellen Übelkeit vorgebeugt werden, vorgebeugt mit einem Enzian, der im Glaserl, versteht sich.

Jedem wird jetzt schnell und zur Gänze einleuchten, dass Orte wie Oberstdorf, Garmisch-Partenkirchen, Mittenwald, Bad Reichenhall oder Berchtesgaden ideale Aufenthaltsorte für mich sind.

Uns hat es dabei Garmisch-Partenkirchen besonders angetan: Zugspitze, Partnachklamm, Wamberg, Alpspitz, Olympia Skisprungschanze. Sicherlich (oder gar ausschlaggebend?) auch deshalb, weil die Eltern unseres Freundes eine große Ferienwohnung mit Einliegerwohnung dort besitzen. Die Einliegerwohnung liegt zwar im Keller, aber wen stört so etwas, wenn sie nichts kostet. Nur das Bettzeug und die Handtücher müssen selbst mitgebracht werden.

Bei diesem Aufenthalt war als Höhepunkt die Wanderung durch die Partnachklamm angesagt. Super, 700 Meter, die es in sich haben: Natur pur, aber mit ganz neuen Blickwinkeln bei angenehmen Temperaturen!

Davor und danach noch eine kleine Wanderung und wir (vier Männer mit der oben geschilderten Einstellung zu sportlichen Betätigungen) hatten unser Tagespensum erfüllt. Wir waren mit uns und der Welt einig, durstig und hungrig. Mit diesen Gefühlen kamen wir zurück nach Garmisch.

Was lag daher näher, als in eine doch recht bekannte Wirtschaft zu gehen und sich erst einmal bei einem Weißbier etwas zu erholen und um die Speisekarte zu studieren. Die Vorspeise war – wenig überraschend – für alle klar: Leberknödelsuppe. Die bestellten Hauptgänge differenzierten dann doch sehr. Von der Schweinhaxe bis – man höre und staune – Zanderfilet in Buttersauce. Dies bestellte ich, um nicht schon wieder am Schluss einen Enzian schlucken zu müssen.

Unser Tischgespräch war relativ einseitig. Der Inhalt war streng genommen nur ein Herausheben unserer tollen sportlichen Leistung. Durchzogen wurden diese Redundanzen mit folgenden Hinweisen: „Ach, ich freue mich so auf meine Leberknödelsuppe." „Hoffentlich kommt die Suppe bald, ich hab einen Mordshunger."

„Ich weiß gar nicht, wann ich zum letzten Male eine Leberknödelsuppe gegessen habe." Und so weiter.

Wir hatten das Gefühl, lange auf unsere Suppe warten zu müssen. Dieses Gefühl war rein subjektiv und der besonderen Situation geschuldet. Wie auch immer, die vier Suppen kamen und keiner von uns zögerte auch nur einen Moment, sich sofort auf diese bayerische Köstlichkeit zu stürzen.

Alleine, es war ein gar kurzes Vergnügen. Wie abgesprochen, hielten wir alle Vier nach dem ersten Löffel inne, schauten uns an und gaben so halblaut – aber völlig synchron von uns: „Versalzen!".

Unser Ältester fand als erster weitere Worte und diese richtete er an die nicht gerade schlanke Kellnerin: „Könnten Sie mal bitte kommen?" Sie kam und fragte nach unsrem Wunsch. Unser Ältester: „Die Suppe ist total versalzen" Darauf wie aus der Pistole geschossen die Kellnerin: „Was – schon wieder?!"

Die Suppe war nichts, dafür schmeckten die Schweinshaxe, der Sauerbraten, das Lüngerl und auch das Zanderfilet hervorragend. Und das Beste: Als Ausgleich für den versalzenen Einstieg gab es auf Kosten des Hauses vier Glaserl Enzian – also doch wieder!

So nicht!

Wie die Zeit vergeht! Deutlich wird diese unerbittliche Wahrheit besonders beim Betrachten alter Urlaubsfotos. Ich gebe zu, auch die folgende Geschichte liegt schon einige Jahre, ja schon Jahrzehnte zurück. Zu meinen obersten Urlaubszielen zählte seit meiner Jugendzeit Ägypten. Die jahrtausende alte Kultur, die geheimnisvollen Götter, die Pyramiden, die großen Tempelanlagen und natürlich die Welt der Pharaonen interessierten mich schon immer.

Normalerweise war zu dieser Zeit bei unseren Reisen immer nur ein Punkt organisiert, nämlich der Hinflug. Alles andere wurde vor Ort ad hoc entschieden, wobei stets das noch vorhandene Geld die ausschlaggebende Rolle spielte. Bei unserer Ägyptenreise war das ganz anders. Bei ihr standen zwei Dinge fest, der Hin- und der Rückflug. Ganz nach dem Motto: In Ägypten ist es vielleicht doch besser, etwas mehr Sicherheit walten zu lassen.

Zwei Punkte hatten wir nicht oder nicht in ihrer vollen Auswirkung bedacht: Zum einen reisten wir am ersten Tag des Fastenmonats Ramadan an und sage und schreibe am letzten Tag wieder ab. Dies hatte zur Folge, dass so manche Dienstleistungen doch sehr eingeschränkt waren. Das Geldumtauschen war z. B. auf einige wenige Stunden am Tage beschränkt. Dies hieß, wir mussten uns in Geduld üben und uns immer in eine lange Schlange wartender Touris eingliedern. (Welch Segen sind doch die heutigen Geldautomaten, die weltweit für Liquidität sorgen!) Außerdem war es ab dem Kanonenschlag, der das Fastenbrechen verkündete, aussichtslos, irgendetwas zu erhalten. Die Schalter, Kioske usw. waren geschlossen. Allerdings wurden wir immer eingeladen, mitzufeiern. Zweimal nahmen wir diese Einladung gerne an. – Es war köstlich! Es war sehr viel und (für uns damals nicht ganz unwichtig) es kostete nichts!

Der anderen Punkt, den wir nicht bis zum Ende durchdacht hatten, war die Hitze. Ägypten im August! – Hatten wir etwa 25 Grad erwartet mit einem lauen Lüftchen? Schon als wir das Flugzeug verließen, traf uns die Hitze wie ein Brett. Ich glaubte von einem riesigen Fön angeblasen zu werden. Es sollte noch schlimmer kommen!

Eine Eisenbahnfahrt von Luxor nach Assuan zeigte uns, was Klimaanlagen so alles bewirken können. Schon der Einstieg in die erste Klasse (dies wurde uns von vielen freundlichen Menschen empfohlen) war großartig. Ein Stuart versorgte unsere Koffer und führte uns zu unseren Plätzen – zwei Clubsessel! Toll – auch die angenehme Temperatur. Wir fühlten uns rundum wohl. Dies allerdings nur etwa 20 Minuten lang. Danach wurde es immer kühler, ja kälter und wir begannen derart zu frieren, dass wir unsere (Sicherheits-)Pullover aus unseren Taschen wühlten und ganz schnell überzogen. Dies tat gut. Gut, etwa eine Stunde lang. Dann begann es wärmer und immer wärmer zu werden. Also schnell die Pullis wieder ausgezogen und sämtliche Erleichterungen eingesetzt: weit offenes Hemd, Hose hochgekrempelt und vor allem fächern. Fächern mit allem, was dazu halbwegs geeignet war. Nach gefühlten acht Stunden kamen wir in Assuan an, stiegen aus und fühlten eine angenehme Frische. Herrlich! Das Thermometer zeigte genau 42 Grad Celsius! Unser Frischegefühl hatte sich nach ein bis zwei Minuten erledigt.

Insgesamt erfüllte natürlich Ägypten alle unsere Erwartungen. Beeindruckende, ja überwältigende, jahrtausendalte Kulturstätten: die Pyramiden von Gizeh, die Tempel von Luxor, Edfu, Kom Ombo, Karnak und Abu Simbel. Wir nahmen uns viel Zeit, nicht nur um diese einmaligen Kulturgüter zu sehen, sondern auch um das Hinterland etwas zu erkunden. Unterwegs mit Eseln, Taxis, Bussen oder per Anhalter sahen wir viel und eben nicht nur das, was ein „normaler" Ägyptentourist einfach gesehen haben muss.

In einer ganz kleinen Ansiedlung gab es ein „Restaurant", bestehend aus einigen Tischen und klapprigen Stühlen unter schattenspenden Palmen. Durstig und hungrig wie wir waren, suchten wir diese Labungsstätte sofort auf. Der Chef begrüßte uns auf das Herzlichste und brachte sofort ein Gästebuch. Es waren auch Einträge von deutschen Reisenden dabei, auf die wir nachdrücklich hingewiesen wurden. Der Gastronom meinte wohl, dies seien Lobpreisungen. Das genaue Gegenteil war der Fall. Was wir zu lesen bekamen, war an Deutlichkeit nicht zu überbieten. Mit abfälligsten Fäkalausdrücken wurde das Essen beschrieben. Die Lektüre führte augenblicklich dazu, dass uns der Hunger verging und wir den Durst mit dem Inhalt von jeweils zwei Cola-Dosen löschten. (Da kann man ja nichts falsch machen.)

Nur einige Schritte entfernt, verkaufe ein Melonenbauer seine Produkte. Oh, welch eine Fügung! Sofort war der Hunger wieder da. Nun muss man wissen, dass ich für mein Leben gerne handle. Ich sah meine große Chance gekommen und fing an mit dem Anbieter um den Preis einer schönen Wassermelone zu feilschen. Der gute Mann machte zunächst auch mit. Aber schon nach einer Minute fand er anscheinend meine Vorgehensweise so abartig, dass er unmissverständlich und mit deutlich lauterer Stimme Folgendes sagte: „No melon for you. Go away!" Dies saß. Und wieder war es nichts mit dem Essen.

Einige Kilometer weiter bot sich erneut die Gelegenheit, eine Melone zu erwerben. Diesmal zahlte ich (schweren Herzens) den geforderten Betrag, ohne auch nur den leisesten Versuch zu machen, zu handeln.

Nun hatten wir endlich etwas zum Essen, aber wie sollten wir denn an das köstliche Fruchtfleisch kommen? Unser Melonenverkäufer wusste Bescheid: Er erzählte uns in einem arabisch-englischen-französischen-deutschen Mischmasch, dass es in der nächsten Ortschaft einen Laden gibt, der auch Messer hat. Wir also schleunigst dorthin und tatsächlich, es gab einen landestypischen Laden. Nun versuchte ich mit der bekannten Geste, Zeigefinger der rechten Hand, macht Schneidebewegungen auf Zeigefinger der linken Hand, zu verdeutlichen, dass ich gerne ein Messer kaufen würde. Der Händler sah mich kritisch an und sagte: „Not so (er machte meine Geste nach), you mean a knife!"

Wir setzten uns auf ein paar Steine, die am Straßenrand lagen, schnitten unsere Melone an und aßen. Urteil: Super Messer, beste Melone der Welt!

Ja, es gibt Tage, da läuft alles prima, es gibt Tage da läuft nichts und es gibt Tage da macht man wertvolle Erfahrungen!

Man weiß nicht, wozu etwas gut ist.

Wieder einmal in München. Diesmal der Kunst wegen. Genauer gesagt wegen Gerhard Richter und des wieder eröffneten Lenbachhauses samt Erweiterungsbau. Nun war und ist das Lenbachhaus alleine schon Grund genug, der bayrischen Landeshauptstadt einen Besuch abzustatten.

Aber wenn ein Kleinstädter schon einmal in die Großstadt kommt, dann muss neben der Reminiszenz an die Kunst zwangsläufig noch etwas Ergänzendes unternommen werden. Es kann gar nicht sein, dass ohne Befriedigung dieses Verlangens wieder in die heimatliche Idylle zurückgefahren wird. Das Angebot ist dafür viel zu groß, die Schaufensterpräsentationen viel zu einladend, die Sonderangebote viel zu verführerisch. Und auf wunderbarer Weise entstehen gewisse Bedürfnisse. Motto: „Eigentlich bräuchte ich ja schon längst ..."

Wie schon erwähnt, hat es mir stets ein Textilhaus mitten im Zentrum angetan. Auch wenn die Müdigkeit noch so groß ist und die Füße noch so wehtun, die drei oder vier Etagen müssen erklommen und die Angebote genau besichtigt werden. Leider (für meinen Geldbeutel) bleibt es meist nicht beim Anschauen. Ja, dieser Abstecher in die Konsumwelt ist für mich fester Bestandteil eines jeden Münchenaufenthalts, wie ein kurzer Besuch der Michaelskirche und ein etwas längerer beim Augustiner Bräu. Gott sei Dank liegt ja alles so schön beieinander.

Also auf in die bunte Welt der Männermoden. Wie gesagt, die Stockwerke werden stets von unten nach oben abgeschritten. Wenigstens ein kurzer Blick muss auf das Gesamtangebot geworfen werden. Eigentlich könnte die Besuchszeit erheblich reduziert werden, wenn ich von vornherein all die schönen Dinge großzügig ignorieren würde, die ich wegen meiner nur wenig modelhaften Figur sowieso nie und nimmer tragen kann. Aber nein, die Hoffnung stirbt bekanntlich zuletzt: Es könnte ja dieser völlig unwahrscheinliche Fall eintreten: Unter all den Dingen verirrt sich eines, nur eines, das einigermaßen passt. Dabei muss natürlich immer der feste Vorsatz berücksichtigt werden, in den nächsten vier Wochen mindestens fünf Kilo abzunehmen. (Was wäre die Welt ohne Illusionen?)

Eigentlich weiß ich es selbst nicht genau, warum ich diesmal ausgerechnet in der Schuhabteilung gelandet bin. Schuhkaufen gehört für mich absolut zu den wenig geliebten –um ehrlich zu sein – sogar zu den schrecklichen Verrichtungen: Ich kann meist gar nicht sagen, ob, wo und wie stark das neue Objekt an meinem Fuß drückt. Ich kann meist gar nicht sagen, ob mein großer Zeh Platz genug hat oder nicht. Ich kann meist gar nicht sagen, ob der rechte Schuh nicht doch etwas lockerer sitzt als der linke.

Ich wusste nicht, warum dieses Mal alles anders war. Vielleicht hatte mich Gerhard Richter inspiriert? Vielleicht hing es mit dem Besuch in der Michaelskirche zusammen? Nur eines war sicher, es konnte nicht der Augustiner Bräu sein, dieser Zwischenstopp stand nämlich noch aus.

Schon tolles Schuhwerk, das hier auf seine Träger wartete. Wenn man hier nichts findet, muss es übergeordnete Gründe dafür geben. Ob elegant oder sportlich, ob schlicht oder extravagant, ob bequem oder fußschädigend, ob teuer oder sehr teuer, alles war und ist zu haben.

Wahrscheinlich war es mein völlig hilfloses, Landpomeranzen mäßiges Aussehen und Auftreten, welches einen jungen Verkäufer nach einer fast peinlich langen Weile aufmerksam werden ließ. Mit gemäßigtem Schritt und einem etwas angewidertem Gesichtsausdruck kam er auf mich zu und entbot mir ein „Grüß Gott", das so was von neutral war, dass es eigentlich auch ein „Mein Beileid" hätte sein können. Vor mir stand genau das Model, das all die Dinge in diesem Superkaufhaus problemlos tragen konnte: Gardemaß, schlank, gegelte Haare, Dreitagebart, Waschbrettbauch (wahrscheinlich), Duftwolke (Hermes?). Und dieser Superverkäufer ließ sich herab, mich zu fragen, ob er denn weiterhelfen könne. Ich bestätigte dieses und sagte, dass ich einen hellbraunen Halbschuh suche. Der Model-Verkäufer darauf: „Mehr Business Look oder Casual Look". Ich: „Beides." Etwas irritiert zog das Model mit der Bemerkung ab, dass dies nicht ganz leicht sei. Nach kurzer Zeit kam er mit einem Paar wunderschönen hellbraunen Schnürschuhen zurück. Mit der Bemerkung, „dort können Sie diese traumhaften Schuhe anprobieren", wies er mir einen Stuhl mit entsprechendem Hocker zu.

Ja und da hockte ich nun mit diesen wirklich schönen Schuhen in der Hand und just als ich ansetzte, meinen alten linken Schuh gegen den hellbraunen neuen auszutauschen, kam ein mittelalterliches Ehepaar auf „meinen" Verkäufer zu und fragte nach irgendwelchen Herrenschuhen. Ich gebe zu, dieses Ehepaar sah nicht aus, als müsste es von einem Hartz IV -Satz leben: Elegantes Outfit, edel, aber leicht überzogen das Ganze. Wie auch immer, um meinen gegelten Bediener war es geschehen. Ob man es glaubt oder nicht: Er ließ mich ohne ein weiteres Wort ganz einfach sitzen und verschwand mit dem Ehepaar und ward nicht mehr gesehen.

Nun saß ich erst recht dumm da und gerade als ich mich mit aufsteigendem Ärger und ebensolcher Wut anschickte, die ungastliche Stätte zu verlassen, kam ein anderer Verkäufer auf mich zu. Welch ein Unterschied! Kein Gardemaß, keine gegelten Haare, kein Schnöseltum, aber adrett und vor allem freundlich und nett, sehr nett. Und noch besser: kompetent, außergewöhnlich kompetent. Selten habe ich eine derartig gute Beratung erhalten! Ich erhielt Hinweise zur Schnürung der Schuhe, zur Pflege, zum Erhalt der Geschmeidigkeit und des Glanzes usw. usw.

Das Ergebnis: Ich bin stolzer Besitzer wunderbarer Schuhe – hellbraun, zum Schnüren, bequem und von Magnanni. Ich gebe zu, nach solchen Schuhen habe ich schon ein paarmal bei Zalando gesucht, aber eben nur gesucht: Zu teuer, viel zu teuer!

Das Beste an der Geschichte: Meine Schuhkaufaversion hat abgenommen.

Und dass Allerbeste an der Geschichte: Meine hellbraunen Magnanni waren exakt um 50 % preisreduziert.

Anlass genug für eine umgehende Einkehr beim Augustiner mit Haxn und Bier. –

Die Füße werden schon nicht zunehmen!

Unverschämte Frage

Ich bin sicher, dass sich in der Zwischenzeit alles verändert hat. Bestimmt hat auch bei den Autohäusern der Edelmarken mittlerweile die absolute Kundenorientierung Einzug gehalten und hat den Platz eingenommen, der ihr ganz einfach zusteht.

Aber damals, also vor etwa einem Fünfteljahrhundert, war dies nicht überall so.

Was mich dazu bewog, mich mit dem Gedanken zu tragen, auch ein Auto der Premiumklasse besitzen zu wollen, weiß ich nicht mehr genau: Angeberei? Kann ich mir nicht vorstellen. Etwas darzustellen? Schon gar nicht! Sicheres, bequemes Auto? Schon eher! Qualitätsprodukt? Sicherlich! Anschaffungskosten? Bestimmt nicht! Wiederverkaufswert? Bestimmt!

Wie auch immer, ich streckte meine Fühler aus und sammelte Informationen. Immer mehr kam ich zur Überzeugung, so ein Auto wäre etwas für mich, aber der Preis! Mit dieser Grundsatzeinstellung suchte ich ein großes einschlägiges Autohaus in Stuttgart auf. Es gab zwei Eingangstüren. Ich wählte die rechte. Recht verloren machte ich die ersten Schritte auf all den Hochglanz und all den Chrom zu. Ich musste auch nicht sehr lange alleine bleiben, schon kam ein jüngerer Herr im dunklen Anzug auf mich zu und stellte die übliche Frage, ob er mir behilflich sein könne. Diese Frage bejahte ich und fügte hinzu, dass mich vor allem die kleineren Modelle interessieren. Der Verkäufer führte mich zu den entsprechenden Wagen und schüttete sein gesammeltes Wissen über mich aus: PS, Hubraum, Bremssysteme, Kolben, Verbrauch, Beschleunigung, Innenausstattung, Außenlackierung usw. usw. Trotz des Redeschwalls konnte ich mich des Eindrucks nicht erwehren, dass mich der Verkäufer für nicht ganz für voll nahm. Ach, ich habe ganz vergessen: Ich hatte ja wieder einmal nur einen Pullover und eine etwas abgetragene Jeans an.

Alle seine Vorurteile bestätigt fand der Verkäufer anscheinend als ich ihm überraschend die Frage stelle, ob sie auch gebrauchte Autos verkaufen. Nach einigen Schrecksekunden und sichtlich um Fassung ringend, sagte er klar und überaus deutlich: „Mein Herr, dazu müssen Sie aus dieser Türe hinaus und in die nächste hinein. Hier gibt es nur Neuwagen." Kein: „Oh, ja, sogar ganz besondere." oder: „Sicherlich, da finden Sie bestimmt etwas." oder: „Darf ich Sie in unseren anderen Showroom begleiten, ich bin überzeugt, dass mein Kollege einen passenden Wagen anbieten kann."

Nein, ein zwar unausgesprochenes, aber umso deutlicheres: „Einen Gebrauchtwagen? Und dazu wagen Sie es, mir die Zeit zu stehlen."

Nun, ich habe sofort den direkten Weg nach Hause angetreten und erst viele Jahre später mein Wunschauto gekauft. Allerdings nicht beim besagten Autohaus in Stuttgart.

Ob sich wirklich alles geändert hat? Leichte Zweifel sind angebracht. Als das Nachfolgemodell meines Wunschautos auf den Markt kam, besuchte ich das Autohaus, bei dem ich das nun veraltete Fahrzeug erworben habe und fragte nach der neuen XY-Klasse. Ich erhielt vom bankerlike gewandeten Verkäufer zur Antwort: „Dahinten steht der Wagen. Wenn Sie Fragen haben, dürfen Sie gerne auf mich zukommen." Welch ein großzügiges Angebot! Ich besichtigte den Neuwagen und vor allem auch das Preisschild. Ich hatte keine weiteren Fragen!

Anpassungsfähig

Jeder Mensch ist zu ersetzen. Ich weiß nicht, wer auf diese elementare Erkenntnis kam. Sie klingt gut, stimmt aber leider nicht. Denken wir an große Sportler, an herausragende Musiker, Maler oder Bildhauer, denken wir an prägende und kantige Politiker. Viele davon waren eben leider nicht zu ersetzen. Und gibt es nicht gerade im Sport zahlreiche Beispiele dafür, dass ganze Sportarten nicht mehr gefragt sind, weil die Protagonisten, die Aushängeschilder nicht mehr da sind? Weil die Vorbilder, eventuell auch die Idole, fehlen?

Aber wir brauchen nicht nur im Bereich der Genies zu suchen. Gibt es nicht in jeder Schule in den Ruhestand verabschiedete Lehrer, deren Lücken nicht geschlossen werden können? Gibt es nicht in jedem Betrieb Mitarbeiterinnen und Mitarbeiter, die wirklich nur schwer zu ersetzten sind? Gibt es nicht Geschäfte, die man nur aufsucht, weil eine ganz bestimmte Verkäuferin oder ein ganz bestimmter Verkäufer dort bedient?

Genau davon handelt dieser Fall.

Auch ein Bamberger muss zugeben, Ulm ist eine sehr schöne Stadt mit vielen Sehenswürdigkeiten. Das Ulmer Münster mit dem höchsten Kirchturm der Welt. (Man müsste ihn mal wieder besteigen. – Täte dem trägen Körper sicherlich gut!). Das Fischerviertel, das ein beredtes Zeugnis dafür ist, was man aus einem

runtergekommenen Stadtteil Attraktives machen kann. Das Stadthaus, das sehr umstritten ist, für mich aber eine architektonische Superleistung darstellt. Und nicht zuletzt Ulm als Einkaufsstadt: Großes, ansprechendes und dennoch überschaubares Angebot. Man hat seinen festen Einkaufsrundweg. Man weiß, was einen wo erwartet.

Just dies ist der zentrale Punkt: Man weiß, wo man welches Angebot findet, man weiß, welches Geschäft welches Preisniveau hat, man weiß, welche Qualitätsorienteirungen vorherrschen – und man weiß vor allem, von wem man wie beraten und bedient wird.

Gerade der letzte Punkt wiegt für mich ganz besonders schwer. Ich finde es toll, wenn eine Verkäuferin (kann auch ein Verkäufer sein) mich und insbesondere meine ganz speziellen Wünsche kennt. Es ist einfach super, wenn ich keine langen Erklärungen abgeben muss, wenn ich auf Anhieb Stücke gezeigt bekomme, die eigentlich alle passen, wenn ich auf Sonderangebote hingewiesen werde. (Wobei ich mich nicht gerade als Schnäppchenjäger bezeichnen möchte.). Und ich finde es klasse, wenn ich darauf aufmerksam gemacht werde, wenn eine Jacke oder ein Pullover nicht so recht zu mir passt.

Genauso eine Verkäuferin hatte ich seit Jahren in einem größeren Bekleidungsgeschäft in der Münsterstadt. Sie wusste ganz einfach, was ich suchte. Außerdem war sie immer freundlich und gut drauf. Sie sprach mich mit Namen

an, fragte, wie es denn so geht und was ich im Urlaub vor-
habe. Sie hatte nur einen Nachteil, ihr Lebensalter näherte
sich dem Rentenalter und ich musste (ganz egoistisch) be-
fürchten, dass ich in absehbarer Zeit auf meine Lieblingsverkäuferin verzichten muss.

Und weiß Gott, eines Tages war es wirklich so weit. Nach
dem Kauf einer Kleinigkeit – auch hier war die Bedienung
nicht minder toll – wurde mir von ihr eröffnet, dass dies ihr
letzter Monat sei und sie nun in Rente gehe. Obwohl ich
dies ja schon seit längerer Zeit habe kommen sehen, war
ich doch ob dieser Nachricht sehr traurig. Selbstverständlich wünschte ich ihr alles Gute für den neuen Lebensabschnitt, gab mein großes Bedauern deutlich zum Ausdruck
und bedankte mich für die jahrelange beste Bedienung.

Nur knapp zwei Monate später bildete ich mir ein, unbedingt eine Lederjacke erstehen zu müssen. So etwas fehlte
ganz einfach in meinem Kleiderschrank. Und die zwei, die
dort schon hingen, zählten ganz einfach nicht: Sie waren
einerseits nicht mehr der letzte Schrei und andererseits
generell ja schon „hundert" Jahre alt.

Also auf nach Ulm und Ausschau halten nach einem ausgefallenen, angemessenen, für einen älteren Herrn tragba-
ren, nicht zu teuren Lederstück. Klar war, dass ich zunächst zu meiner Lieblingsverkäuferin ging. Ich war schon
auf den Weg dorthin, als es mir brühwarm einfiel: Sie ist
nicht mehr da. – Und was jetzt? Ach, dachte ich, es heißt ja
immer, jeder Mensch ist zu ersetzen und im Übrigen kann

es doch sein, dass die Nachfolgerin (oder der Nachfolger) ziemlich nah an meine Superverkäuferin rankommt.

Es war ein Nachfolger! Auch er sehr nett und höflich. Meine ersten Zweifel kamen aber mit der ersten Auswahl, die er mir zeigte. Diese Zweifel verstärkten sich dann, als er jedes Stück, das ich anprobierte, nicht nur besonders schön, sondern besonders für mich passend fand.

Das gab es bisher nämlich noch nie, noch nie, weder in Geislingen, Ulm, Stuttgart, München oder sonst wo, noch nie passten bei mir und zu mir alle anprobierten Stücke. Ganz im Gegenteil, häufig passte gar keines. Und jetzt – oh Wunder – passte alles?! Dies jedoch nur in den Augen des neuen, aber auch nicht mehr ganz jungen Nachfolgeverkäufers. Als ich meine Zweifel äußerte, wurden diese mit vielen Argumenten weggewischt. Wie etwa: „Nein, für diese Farbe sind sie auf keinen Fall zu alt, ich bitte Sie!". oder „Das Material fasst sich nur auf den ersten Blick so an!" (Ich wusste gar nicht, dass man mit Blicken etwas anfasse kann.) oder „Das trägt man in dieser Saison so! (Habe ich dies nicht schon letztes Jahr gesehen und seit wann bin ich „man".)

Der absolute Hammer sollte aber noch folgen. Zum besseren Verstehen dieses schlagkräftigen, ja epochalen Verkaufsargumentes, muss ich es wiederholen: Ich gehöre absolut zu den Kleinen in unserer Zeit. Mit 1,63 Meter zählt man ganz einfach zu dieser Gruppe. Und gelitten habe ich unter der fehlenden Länge noch nie. Wenn ich etwas nicht mit meinen Fingern erreichen kann, gibt es genügend andere lange Menschen, die dies mehr oder weniger gerne für mich erledigen. Mein Lebensmotto war und bleibt: „Nicht in der Länge liegt die Größe." Und sollte wirklich mal jemand auf die Idee kommen, von der nicht vorhandenen Körpergröße auf die kognitiven Fähigkeiten zu schließen, lässt sich dieser fatale Irrtum sicherlich leicht korrigieren. Allerdings ist mir so etwas noch nicht untergekommen. Angemerkt sei ebenfalls, dass ich auch kein so genannter Sitzriese bin. Also Ober- und Unterkörper sind gut proportioniert, wenn man einmal vom etwas ausladenden Bauch absieht. Da fällt mir ein, welche Aufschrift mein Faschings-T-Shirt im letzten Jahr trug: „Ich bin nicht klein – ich bin ein Konzentrat!"

Nur mit dem Wissen um diese „körperliche Gegebenheit" wird man verstehen, welche Reaktionen die folgende Aussage des Verkäufers auslöste. Aber der Reihe nach:

Die vierte Jacke, die ich gezeigt bekam, kam meinen Vorstellungen verdammt nahe. Nein, eigentlich entsprach sie genau diesen. Modern und doch etwas konservativ, Material super, Schnitt gut und der Preis, na ja: Also wo liegt das Problem? Das Problem waren diesmal wirklich die 163 Zentimeter Körpergröße. Die Jacke war auf Deutsch gesagt einfach gut 15 Zentimeter zu lang. Ich schaute mich im Spiegel von allen Seiten an. Sie war einfach zu lang oder ich zu kurz. Der Einfall: Ändern: Ha, ha, Änderung bei einer Lederjacke mit diesem Schnitt? – Vergessen!

Und mein Starverkäufer? Er hatte wohl gemerkt, dass dieses Teil meine besondere Aufmerksamkeit fand. Es folgte eine Anpreisungshymne: Tolles Stück, ausgefallener Schnitt, tragbar zu allen Anlässen, einzigartige Verarbeitung und beste Qualität. Naja, so Unrecht hatte er diesmal ja gar nicht. Und weil von ihm kein Einwand hinsichtlich der Länge kam, brachte ich selbigen selbst vor: Vorsichtig sagte ich: „Ich finde die Jacke auch super, aber sie ist doch zu lang für mich." Dies ließ mein Vis à vis schon gleich gar nicht gelten: „Nein, auf gar keinen Fall. Gerade die etwas längeren Modelle sind wieder ganz in und das können Sie gut so tragen".

Überzeugen konnte mich dies alles nicht. Trotzdem, ich hätte diesen Argumenten so gerne Glauben geschenkt. Deshalb nochmals Besichtigung von allen Seiten und Überlegungen hin und her mit dem Ergebnis, das ich dem Verkäufer mitteilte: „Schade, schade, tolle Jacke, aber doch etwas zu lang."

So und nun holte der Starverkäufer zum finalen Argument aus, das es wert wäre, in die Annalen der Verkaufsargumentationsentwicklung einzugehen:

„Ich finde, die Länge passt. Wissen Sie, Sie haben ja auch einen ausgesprochen langen Oberkörper!"

Ich war platt und vor allem sprachlos. Mir fiel nur eines ein, Adjeu zu sagen: „Auf Wiedersehen" wäre dann doch gelogen gewesen.

Übrigens: Ich besuchte dieses Geschäft erst nach einigen Jahren wieder, in der Gewissheit, dass zwischenzeitlich mein „Star"-Verkäufer in den mehr oder weniger verdienten Ruhestand getreten ist. Und tatsächlich, ich fand einen Verkäufer, der, noch sehr jung an Jahren, sich durchaus anschickte, meiner unvergessenen Verkäuferin nachzueifern.

Gekränkte Eitelkeit

Wieder einmal wurde mir bewusst, dass unsere Wohnung zwar schön, aber doch viel zu klein ist. Aufgeflammt ist diese Erkenntnis durch einen Besuch bei einer lieben Freundin, die ein wunderschönes und vor allem großes und großzügiges Haus bewohnt. Ein Haus mit allem, was man sich so vorstellt: Große Küche, großes Wohnzimmer, separates Speisezimmer, gemütliches Kaminzimmer, Sauna, herrlich angelegter Garten. Nun, ganz so toll bräuchte mein neues Zuhause ja nicht sein, aber ein bisschen mehr als jetzt wäre schon sehr schön.

Es war Samstag und der Immobilienteil der Zeitung war umfangreich. (Damals war dies noch so!) Ich nahm mir viel Zeit, die Angebote genau zu studieren. Und tatsächlich eine Annonce fand mein spontanes und überaus großes Interesse: „Großzügiges Einfamilienhaus mit separater Küche, offenem Kamin, Garage und großem Garten". Auch die angegebenen Quadratmeter entsprachen genau meinen Vorstellungen. Ein Wermutstropfen war die Lage: Kleinere Ortschaft auf der Schwäbischen Alb. Sofort wurden sämtliche Rationalisierungsmechanismen herangezogen: Schwäbische Alb – Wohnen, wo andere Urlaub machen, Ruhe, gute Luft, Möglichkeiten zum Skilanglauf, Schulen und Ärzte sowie anerkannt gute Metzgerei und Bäckerei und ein kleinerer Supermarkt im Ort. Was brauche ich mehr? Und auch die Anbindung an das Bahnstreckennetz Stuttgart – Ulm ist gar nicht so schlecht.

Diese schlagkräftigen Argumente ließen mich sofort zum Telefon greifen, um die angegebene Nummer anzurufen. Es meldete sich eine sehr nette Dame, die Maklerin höchstpersönlich. Schon für den nächsten Tag wurde ein Besichtigungstermin ausgemacht. Wir fanden das Haus sofort (ohne Navi). Und – Alles machte einen hervorragenden Eindruck. Sowohl das Äußere als auch das Innere.

Jede Kleinigkeit wurde von der Maklerin angesprochen: Gartenpflege, Heizungsart und -kosten, Fußböden und ihre Reinigung, Art des Daches, Kellerräume und deren eventuellen Nutzungsmöglichkeiten (Fitnessraum, Sauna, Partyroom usw.) Auf alle Fragen hatte Frau Soundso eine kompetente Antwort. Ihr Lieblingsausdruck war: „Kein Problem, da schmeiß ich Ihnen ein paar Stauden, eine Bretterwand, einen Fliesenboden usw. hin."

Ganz besonders angetan hatte es ihr (und ich muss zugeben, auch mir) der große offene Kamin im Wohnzimmer. In den farbigsten Bildern malte die Maklerin die Stunden am Kamin aus: Stimmung, Gemütlichkeit, Entspannung, Gedanken schweifen lassen, Runterkommen, Erholung. Ich weiß nicht mehr alle Begriffe, die alle eines belegen sollten: So ein offener Kamin ist etwas ganz tolles und hebt das Wohngefühl und die Wohnqualität um Meilen. Wir beide steigerten uns in eine imaginäre Stimmung, in der ich nur noch einen Vorschlag machen konnte. „Was halten Sie davon, wenn wir an einem der kommenden Abende den Kamin anfeuern und uns bei einem guten Rotwein über weitere Details des Hauses unterhalten?" Voller Begeisterung stimmte Frau Soundso sofort zu. „Ausgemacht, wir treffen uns um 18.00 Uhr am nächsten Donnerstag." Ich durchsuchte meine Weinvorräte und wählte meinen Lieblingsroten, einen Barón de Ley Gran Reserva aus.

Es wurde wirklich ein schöner, gemütlicher, stimmungsvoller Abend. Sowohl der Kamin (das notwendige Holz war noch im Hause), als auch der Wein boten genau das, was wir erwarteten. Unser Gespräch verließ bald die Ebene des Immobilienobjektes und bezog sich auch auf Privates. So erfuhr die Maklerin vieles von meinem Beruf, meinen sonstigen Tätigkeiten und Engagements und auch von meinen Hobbys.

Für den übernächsten Tag wurde ein weiteres, quasi finales Treffen vereinbart. Dort sollten dann die Einzelheiten zum Kauf und der endgültige Kaufpreis festgelegt werden. Eigentlich war bereits alles in trockenen Tüchern. Aber halt nur eigentlich.

Das letzte Gespräch kam. Wir waren uns schnell über den endgültigen Kaufpreis und den Notartermin einig. Alles klar! Und dann kam für mich das, was mich völlig von der Rolle holte. Der Maklerin war bekannt, welchen Beruf ich ausübte, welche Titel ich habe, dass ich einmal Sparkässler war, dass mein Einkommen durchaus zum Leben und auch für die Bedienung etwaiger Immobilienkredite ausreichte und dass ich auch die Maklergebühren ohne größere Mühen aufbringen konnte. Dies alles wusste Frau Soundso. Und dennoch kam von ihr die nachdrückliche Forderung: „Ich brauche von Ihnen eine Bankgarantie, die aussagt, dass Sie sich dies alles leisten können." Bei unvoreingenommener Betrachtung ist dies sicherlich eine berechtigte, vielleicht auch gängige Forderung. Vor dem Hintergrund der speziellen Situation traf mich die Forderung dagegen extrem hart und kränkte mich zutiefst. Nach all dem, was ich schon von mir preisgegeben hatte!? Ich empfand nur noch Empörung und Kränkung.

Blitzartig kamen alle die Zweifel bezüglich Wohnort und Schwäbische Alb in mir hoch. Meine schwer gekränkte Eitelkeit und diese wachgewordenen Zweifel führten dazu, dass ich ad hoc unser Gespräch abbrach und die Maklerin vor dem Kamin sitzen ließ.

Vielleicht habe ich damit ein wunderbares Landleben verpasst. Vielleicht blieb mir aber auch so manches erspart. Schon die nächsten Monate stellten nämlich unter Beweis: Das Klima auf der Schwäbischen Alb kann ein gar raues sein: Es gab über mehrere Wochen Schnee, Schnee und nochmals Schnee – auch zum Skilanglauf zu viel!

Warum denn in die Ferne schweifen, …

Wenn Ihnen, geneigte Leserin und geneigter Leser, die bisherige Lektüre den Eindruck vermittelt hat, ich würde nur außerhalb meiner Heimatstadt Geislingen an der Steige einkaufen, dann ist es allerhöchste Zeit, eine Klarstellung zu bringen.

Seit mehr als 25 Jahren lebe ich in der Fünftälerstadt Geislingen. Ich fühle mich wohl und gut aufgehoben. Ich habe viele Freunde und noch mehr Bekannte gewonnen. Zu Beginn meiner Geislinger Zeit war es für mich sehr befremdend, ja sogar etwas beängstigend, wenn ich auf der Straße oder in Läden von mir fremden Leuten angesprochen wurde. Und dies nicht selten mit vollem Namen, sprich mit allen Titeln.

Dies hat sich total verändert. Heute komme ich nach Hause und beschwere mich, wenn ich niemanden getroffen habe bzw. wenn mich niemand angesprochen hat.

Waren früher die Berge, die Geislingen umgeben, für mich ein Zeichen der Eingeengtheit und der Eingeschränktheit, sind sie jetzt Ausdruck einer abwechslungsreichen, liebenswerten, ja einmaligen Landschaft. Eine Gegend, die viel zu bieten hat, eine Gegend, in der es sich einfach gut wohnen lässt. Das Motto, „dort wohnen, wo andere Urlaub machen", klingt durchaus mit.

Eines ist mir allerdings sehr bald auch aufgefallen: Viele Geislingerinnen und Geislinger haben eine ausgeprägte Neigung, über ihre Stadt zu schimpfen: Nichts los! Tote Hose! Ausgestorben! Das Beste ist der Zug nach Stuttgart! Hier findet man doch nichts zum Einkaufen! Menschen, die so richtig stolz auf ihre Heimatstadt Geislingen sind, findet man selten.

Sicherlich ist Geislingen nicht der Nabel der Welt und sicherlich besteht für Geislingen nicht die Gefahr, in die Weltkulturerbeliste der UNESCO aufgenommen zu werden und sicherlich gibt es Städte mit mehr Einkaufsmöglichkeiten und mehr kulturellen Angeboten. Aber wer nur halbwegs ernsthaft die Sache betrachtet, wird feststellen, dass Geislingen mit knapp 27.000 Einwohnern viel zu bieten hat: In unseren Mauern befindet sich eine Weltfirma und eine hochreputierliche Hochschule. Wir dürfen uns mit Fug und Recht als eine Schulstadt bezeichnen. Wir haben kulturelle Angebote, die für viele Geschmäcker etwas bieten. „Rätsche" und „Theater im Sägewerk" sind nur zwei Stichworte hierfür. Uns umgibt – wie schon gesagt – eine einmalige Landschaft. Und wir haben gute Einkaufsmöglichkeiten. Ein offizieller Leitsatz der Stadt drückt dies so aus:

„Ich kaufe in Geislingen an der Steige, weil ich freundlich, persönlich und individuell bedient werde und die perfekte Mischung finde aus inhabergeführten Fachgeschäften und Filialisten mit einem vielfältigen Sortiment."

Ich kann diesem Leitsatz nur zustimmen und füge an, dass Geislingen auch ein tolles City Outlet beherbergt, dass Besucher auch von weither anlockt.

Aber wie schon aufgezeigt, zieht es mich trotzdem ab und zu in die großen Städte, um das dortige Angebot zu prüfen. In unregelmäßigen Zeitabständen (manchmal liegen viele Monate dazwischen) werden die dortigen Haupteinkaufsstraßen

heimgesucht. Was heißt Haupteinkaufsstraßen? Solche Straßen heißen Einkaufsboulevards, heißen Einkaufsmeilen, heißen Shopping-Meilen oder ganz Neuhochdeutsch Shopping-Hot-Spots.

In Stuttgart sind dies vor allem die Königstraße, die Markthalle (Die schönste in Deutschland?), die Schulstraße und die Calwerstraße.

In München sind es die Kaufingerstraße, die Neuhauser Straße, die Theatinerstraße und die Sendlinger Straße.

In Frankfurt: Auf der Zeil, Neue Kräme, Fressgass' und die Goethestraße.

In Ulm: die Hirschstraße, die Walfischgasse und der Münsterplatz

In Berlin (Da bin ich leider nur sehr selten.): die Friedrichstraße, die Schlossstraße, der Kurfürstendamm und die Karl-Marx-Straße.

Zurück zu meiner Geschichte:

Es war Ende Oktober und es fiel der erste Schnee. Der Winter stand dieses Jahr schon sehr zeitig vor der Tür. Es stellte sich mir sofort die Frage: „Hast du für die kalte Jahreszeit wirklich gut vorgesorgt?" Diese Frage bezog sich natürlich ausschließlich auf meine Klamotten und eigentlich nur auf meine Pullis: „Ist unter den vielen wirklich ein schöner, warmer Pullover? Ein Pullover, der alles andere als 08/15 ist? Ein Pullover, der modisch und klassisch irgendwie gleichzeitig ist?" Klare Antwort: Nein!

Diese eindeutigen Ergebnisse ergaben einen konkreten Auftrag: Pulloverkauf! Ich gestehe, dass ich deshalb extra nach Stuttgart und nach Ulm gefahren bin und die Läden der oben genannten Einkaufsmeilen heimsuchte. Ich wühlte mich durch Pulloverberge. Ich ließ mir mehrere (oder doch eher viele) zeigen und ich probierte so manche dieser Strickwaren auch an. Kein einziges Exemplar entsprach meinen Vorstellungen, die ja so genau wie auch ungenau waren. Unverrichteter Dinge kehrte ich jeweils nach Geislingen zurück.

Der Zufall wollte es, dass ich mehr oder weniger dienstlich in Laufe des Novembers sowohl nach München, als auch nach Berlin und nach Frankfurt reisen musste. Nach Erledigung der Dienstgeschäfte (Sie erraten es schon.) begab ich mich wieder auf Pulloversuche. Auch hier wurden die genannten Prachtstraßen durchschritten auf Ausschau nach Geschäften mit Pullovern. Ob Sie es glauben oder nicht: Ich fand auch in diesen drei Einkaufsmetropolen nichts. Nichts, das meinem Wunsch entsprochen hätte.

Eigentlich hatte ich schon die Hoffnung aufgegeben, so ein wärmendes Strickstück zu erhalten. Meine Befürchtung wuchs, dass ich diesen Winter nur sehr frierend und wahrscheinlich mit den schlimmsten Erkältungskrankheiten überleben werde – wenn überhaupt.

In meiner Not kam mir in den Sinn, dass es ja auch noch Geislingen an der Steige gibt. Zwar findet man hier keine ausgesprochenen Einkaufsboulevards oder Shopping-Hot-Spots, aber wie schon festgestellt „inhabergeführte Fachgeschäfte mit einem vielfältigem Sortiment". Ich suchte sofort eines davon auf, nämlich ein Herrenfachgeschäft. Der stets freundliche Eigentümer kam auf mich zu, begrüßte mich und fragte nach meinen heutigen Wünschen. Ich sagte, dass ich auf der Suche nach einem Pullover wäre. Und dieser Pulli muss folgende Eigenschaften aufweisen: Er muss warm sein. Er muss alles andere als 08/15 sein und er muss modische und klassische Elemente in sich vereinen. Ich erwartete, dass Herr Soundso nun die Hände über den Kopf zusammen schlagen würde und mir rät, einen solchen Pullover doch stricken zu lassen. Genau das Gegenteil geschah: Nicht im Geringsten irritiert, dreht sich Herr Soundso um und kam nach gefühlten fünf Sekunden mit zwei Pullis zurück. Sage und schreibe mit zwei Pullovern, die beide meinen Kriterien voll gerecht wurden. Ich war geplättet, begeistert und für kurze, ganz kurze Zeit sogar sprachlos. Nun hatte ich sogar die Qual der Wahl. Nach langem Hin und Her entschied ich mich für das Exemplar, das etwas wärmer aussah und noch etwas ausgefallener war.

Voller Stolz packte ich zu Hause meine Eroberung aus. Ich suchte einen passenden Platz im Schrank. Nach etlichen Umschichtungen fand ich tatsächlich noch ein freies Plätzchen. Ja, und dort lag mein Prachtstück dann für viele, viele Wochen. Anders als der frühe Schneefall erwarten ließ, wurde es ein ausgesprochen milder, ja warmer Winter. Am Heiligen Abend zeigte das Thermometer auf unserem Balkon 18 Grad – plus wohlgemerkt. Erst Ende Januar gab es einige frostige Tage. Während dieser kurzen Kälteperiode lief ich nur mit meinem warmen, alles andere als 08/15 aussehenden und in Geislingen an der Steige erworbenen Prachtpullover herum.

Und die Moral von der Geschicht? Seit diesem einschneidenden Erlebnis gibt es für mich beim Einkaufen folgende Reihenfolge: Zuerst wird in den Geislinger Geschäften gesucht. Erst wenn dies erfolglos ist, geht es in andere Städte und wenn auch dies nichts bringt, wird das Internet durchwühlt.

Trugschlüsse

Wie schon erwähnt, reift bei mir in unregelmäßigen Abständen, aber doch immer wieder, die Überzeugung, dass unsere derzeitige Wohnung zwar schön ist, aber viel zu klein. Wohin mit all den Büchern? Wohin mit all den kleinen, größeren und großen Bildern? Wäre nicht so ein Riesenkühlschrank mit Eiswürfelautomatik etwas Tolles und vor allem etwas total Praktisches? (Man schämt sich ja fast, wenn man so etwas nicht hat.) Und ein viel größeres Arbeitszimmer wäre wahrlich kein Luxus. Ja sogar eine Bibliothek wäre angesichts des Buchbestandes angesagt.

Alles triftige Gründe, nach einer größeren Wohnung zu suchen. Wie gesagt, nicht permanent, aber doch in unregelmäßigen Zeitabständen. Deshalb wurde es fast eine Pflichtaufgabe, die Immobilienanzeigen in der Heimatzeitung und in den Anzeigenblättern zu durchforsten. Und weil man ja auf der Höhe der Zeit ist, bekommen Immobilien Scout 24, immowelt und immonet regelmäßige Besuche abgestattet. Dies alles geht sehr schnell, denn das Angebot an sehr großen Wohnungen bzw. mittelgroßen Häusern ist in unserer Region nicht gerade üppig.

Genau in einer dieser Größere-Wohnung-Bedürfnis-Phasen las ich in der Zeitung von einem wunderschönen, individuell gestalteten, ruhig gelegenen Einfamilienhaus mit überwältigender Aussicht. Preis: Wenn dies alles zutrifft, vertretbar. Zumal das Haus in einer kleineren Stadt lag, die nach eigenen Angaben über alles verfügte, was der

Mensch so braucht: Schulen, Kindergärten, Schwimmbad, diverse Sportanlagen, tolle Freizeitangebote, gute Gastronomie, vielfältige Einkaufsmöglichkeiten, unterschiedlichste Vereine und – besonders wichtig – ein hohes Zusammengehörigkeitsgefühl mit ausgeprägtem Bürgersinn. Und das Beste daran: Ich kannte viele Bewohner dieser Stadt, die mit ausgeprägtem Stolz alle diese Vorteile mehr als bestätigten.

Es verwundert deshalb sicherlich wenig, dass ich sofort zum Telefon griff und das Maklerbüro anrief. Mit der sehr freundlichen, verbindlichen Maklerin war schnell ein Besichtigungstermin vereinbart: Am kommenden Montag, 16.00 Uhr am Ortseingang beim Soundsoladen.

Wir waren etwas zu früh dran und hatten deshalb die beste Möglichkeit, die Ankunft der Maklerin zu verfolgen: Fast genau mit dem Glockenschlag der nahe gelegenen Kirche (katholisch), ließ uns ein tiefes, satt röhrendes Motorgeräusch aufhorchen. In der nächsten Sekunde bog ein schwarzer Sportwagen flott um die Ecke und parkte unmittelbar vor uns. Eine Corvette! Mein erster Gedanke: Ist das nicht das Zuhälterauto schlechthin. (Ich entschuldige mich bei allen Corvettefahrerinnen und -fahrern.) Es sollte aber noch besser kommen!

Die Fahrertür wurde aufgerissen und zunächst erschien, elegant, sehr elegant, ein Damenbein, angetan mit einem kniehohen, engen Lederstiefel. Nach einer Sekunde entstieg der Rest der Dame dem Luxusgefährt. Und da blieb uns beiden doch der Mund offen stehen. Auf uns kam eine sehr attraktive, schwarzhaarige jüngere Dame zu, gewandet mit einem enganliegenden Lederkleid mit ausladendem Ausschnitt. Dazu die knielangen Lederstiefel mit hohem Absatz. Mein erster Gedanke: Kommt sie von der Arbeit oder geht sie zur Arbeit? Mein zweiter Gedanke: Dies soll eine Maklerin sein?! – Ich sollte meine Meinung gewaltig ändern!

Freundlich und irgendwie herzlich begrüßte uns die Lederlady und meine ursprüngliche Einschätzung kam bereits hier ins Wanken. Sie erzählte schon auf dem kurzen Weg zum Objekt etwas zum Haus: Alter, Gesamtfläche des Grundstücks, letzte Generalsanierung. An der Haustür wartete bereits die Eigentümerin, eine ältere, sehr elegante Dame. Nach der üblichen Begrüßung sagte sie uns, dass ihr Mann vor einigen Monaten verstorben sei und sie jetzt zu ihrer Tochter ziehen werde. Wie schwer es ihr fiel, ihr geliebtes Haus zu verlassen, war deutlich zu spüren und wurde auch immer wieder von ihr betont. Genau erinnere ich mich daran, dass sie sagte, nicht der Verkaufspreis spielt bei ihr die wichtigste Rolle, sondern, dass das Haus wieder in gute Hände kommt. Und tatsächlich, dieses Haus hätte dies verdient: Trotz der 25 Jahre, die es mittlerweile auf dem Buckel hatte, war es in einem einwandfreien Zustand. Alles war so überlegt gestaltet, sowohl die Aufteilung und Anordnung der Zimmer als auch die Einrichtung. Ganz zu schweigen vom Garten. Man spürte die Liebe, mit der hier alles gerichtet wurde. Man spürte die Freude, mit der hier gewohnt wurde. Mit Stolz führte uns die ältere Dame durch ihr Haus, begleitet von der Maklerin. Diese gab Ergänzungen, zählte technische Details auf, etwa zum Strom- und Gasverbrauch, zur Art und zum Alter der Heizungsanlage. Sie hatte die Quadratmeterzahlen der Zimmer im

Kopf. Sie wusste über die Sonnen-, Wind- und Wetterseiten Bescheid. Ja, sie hatte sich sogar über die aktuell zu zahlende Grundsteuer informiert. Jede unserer Fragen wurde zu unserer vollsten Zufriedenheit beantwortet.

Und unsere ursprünglichen Vorurteile? Weg waren sie und wurden durch eine völlig andere Einschätzung ersetzt: Super Maklerin!

Und dann erhielt diese Einschätzung doch noch ein paar Kratzer. Nach einer sehr ausführlichen Besichtigung, die die übliche Dauer weit, weit überschritt und nach einer Fülle von Fragen und Antworten, wurde die Standardfrage gestellt: „Nun, wie gefällt ihnen das Haus?" Unsere Antwort kam spontan und übereinstimmend: „Sehr gut, wirklich ein tolles Haus mit einer atemberaubenden Aussicht. Wir können uns sehr gut vorstellen, hier zu wohnen. Aber wir brauchen noch ein wenig Zeit zum Überlegen. Das Arbeitszimmer ist halt recht klein und auch ein wenig dunkel." Und da kam die Kratzer erzeugende Aussage: „Sie sollten sich damit aber wirklich nur einen, maximal zwei Tage Zeit lassen. Es gibt nämlich zwei Familien, die ganz ernsthaft an diesem Haus interessiert sind. Rufen sie mich also bitte an, sobald es geht!"

Ach ja, diese „ernsthaften Interessenten", die kennen wir längst. Meint diese Lederdame wirklich, wir fallen auf solche Maklermethoden herein? Hält die uns wirklich für so blöd, dass wir uns mit so etwas unter Druck setzen lassen? Eigentlich hat sie so etwas doch gar nicht nötig! Schade, bisher lief alles so toll!

Wieder zurück in der (viel zu kleinen) Wohnung, gingen wir nochmals alles durch, stellten Vorteile und Nachteile zusammen und bewerteten diese. Wir beschäftigten uns mit der Frage der Finanzierung und richteten gedanklich schon die einzelnen Zimmer ein. (Ach, sogar Platz für meine Bücher!) Eines taten wir allerdings nicht: Wir erfüllten der Dame nicht den Wunsch, uns gleich am nächsten oder am übernächsten Tag zu melden. Nein, sie soll durchaus merken, dass wir nicht auf ihr Angebot angewiesen waren. Nein, wir meldeten uns erst am vierten Tag nach der Besichtigung.

Freudig teilte ich der Maklerin mit, dass wir uns entschieden haben, das Haus zu kaufen. Und da kam die unglaubliche, nie erwartete, niederschmetternde Antwort: „Ach, das ist aber wirklich sehr, sehr schade! Das Haus ist schon verkauft. Morgen haben wir den Notartermin. Warum haben Sie sich bloß so viel Zeit gelassen? Ich habe Ihnen doch ausdrücklich gesagt, dass es noch zwei ernsthafte Interessenten gibt. Schade, schade, ich hätte das Haus so gerne an Sie vermittelt. Und Frau W. hätte sich auch so gefreut, an Sie zu verkaufen, Sie wissen ja, wegen der guten Hände und so."

Eigentlich lässt sich schwer schildern, wie mir zumute war. Ich war geplättet. Ich war wütend auf mich. Ich war enttäuscht. Ich war traurig. Ich brauchte einige Zeit, um dies alles zu verdauen und vor allem um folgende Lehren aus der ganzen Misere zu ziehen:

Erstens, schließe nie von den Klamotten auf die Fähigkeiten oder gar auf die inneren Werte eines Menschen und zweitens, nicht hinter jeder Aussage eines Verkäufers, eines Vertreters oder eben einer Maklerin muss zwangsläufig ein Verkaufstrick stecken.

Allerdings halfen mir diese Erkenntnisse in punkto Wohnungssuche nicht weiter. Noch immer wohnen wir in der alten, viel zu kleinen Wohnung und noch immer schaue ich die Wohnungsanzeigen an und besuche die Immobilienportale im Internet.

Superqualität

Das letzte meiner Erlebnisse passt exakt zur Hauptüberschrift „Der Kunde steht im Mittelpunkt". Zum Titelzusatz „und damit jedem im Wege" passt es aber überhaupt nicht. Ganz im Gegenteil!

Diese Geschichte zeigt, dass der Kunde sehr wohl der sein kann, um den sich alles dreht. Der mit seinen Wünschen und Anliegen die ganze Aufmerksamkeit verdient. Der Qualität erwartet und diese auch bekommt. Dabei ist die Definition von Qualität ganz einfach: Habe ich das erhalten, was ich erwartet habe? In welchem Ausmaß sind meine Wünsche und Vorstellungen erfüllt worden? Es geht also nicht nur um eine einwandfreie Ware, sondern auch um eine entsprechende Beratung und Bedienung und es geht um das Ganze drum herum. Vom Parkplatz bis zur Ladengestaltung.

Heutzutage wird ja viel davon gesprochen, dass sich gerade die kleineren Geschäfte von den Größen abheben müssen. Die sogenannte Differenzierungsstrategie ist in aller Munde. Ein probates Mittel zum Abheben, zur Differenzierung, zum Aufbau eines unverwechselbaren Kennzeichens ist die Qualität. (Übrigens nennen die Experten solche unverwechselbare Kennzeichen gerne USP, also Unique Selling Proposition.)

Diese Notwendigkeit haben viele Unternehmen erkannt. Die Frage ist dann allerdings, was geschieht mit der Unverwechselbarkeit, wenn alle Qualität bieten? Uns Kunden soll dies Recht sein. Nicht dagegen den vielen kleineren Geschäften, die ja nicht nur die benachbarte Konkurrenten haben, sondern vor allem auch die großen Moloche Amazon und Co.

Wer sich also wirklich abheben will, muss über die reine Erfüllung der Kundenerwartungen hinausgehen. Er muss sozusagen nicht nur Qualität, sondern „Superqualität" anbieten. „Superqualität", die der Kunde in dieser Form gar nicht erwartet. Und – um es direkt anzusprechen – den Kostenrahmen nicht sehr belasten darf.

Und genau von dieser „Superqualität" handelt mein letzter Fall:

Sie wissen es: Ich habe bei Klamotten größen-, qualitäts- und designmäßig nicht gerade einen einfachen Geschmack. Einer meiner Lieblingsherrenausstatter in Geislingen (jawohl in Geislingen an der Steige!), Herr XY, weiß das und wundert sich schon lange nicht mehr über besondere Detailwünsche. Zumindest vermittelt er mir stets einen solchen Eindruck.

Fast an die Grenzen seiner Möglichkeiten brachte ihn allerdings mein Wunsch nach einem Hemd. Einem Hemd mit besonderem Kragen, besonderer Stoffqualität und vor allem in einem ganz speziellen, leicht, aber eben nur leicht, changierenden Blauton. Zwar war meinem kompetenten

Herrenausstatter klar, dass er so etwas eigentlich nicht führt. Er suchte aber dennoch Laden und Lager durch, um ganz sicher zu gehen.

Resigniert wollte ich mich gerade verabschieden, als ihm doch noch etwas einfiel. Er glaubte sich daran zu erinnern, dass er in einem Katalog eines Hemdenherstellers einmal Ähnliches gesehen hätte. Der Katalog wurde hervorgeholt und tatsächlich: Es gab die Möglichkeit, mein Wunschhemd sozusagen zu konfigurieren. Herr XY machte mir das Angebot, dieses Hemd zu bestellen. Ich fand dies großartig. Aber sofort schoss mir folgender Gedanke durch den Kopf: „Toll, aber was passiert, wenn mir das Hemd dann doch nicht gefällt und ich es bezahlten muss?"

Etwas zögerlich und auch etwas verlegen stellte ich diese Frage an Herrn XY. Ohne zu zögern und ohne Verlegenheit kam von diesem die Antwort: „Ganz einfach, dann nehme ich es in mein Angebot."

Wenn das keine Übererfüllung meiner Erwartungen war?! Genau, was ich in diesem Moment erfahren durfte, bezeichne ich als „Superqualität". Ich, der Kunde, stand im Mittelpunkt. – Wie immer in diesem Geschäft!

Fazit

Nach der Lektüre meiner 22 Erlebnisse können Sie hoffentlich meinen folgenden Schlussfolgerungen zustimmen:

1. Es ist noch Luft nach oben!

Trotz anders lautender Leitsätze und Beteuerungen kann wirklich nicht davon gesprochen werden, dass wir, die Kunden, stets im Mittelpunkt stehen. Besonders augenscheinlich wird das, wenn sich mehrere Verkäuferinnen oder auch Verkäufer über irgendwelche Privatprobleme unterhalten und uns minutenlang (gefühlt ist dies meist eine halbe Stunde) keines Blickes würdigen. Manchmal verlasse ich das Geschäft und komme so schnell nicht wieder. Manchmal unterbreche ich die Rederunde aber auch. Wenn ich sehr gut gelaunt bin, frage ich höflich an, ob ich stören darf und die Berichte über die Erkältung des Mannes, den gestrigen Elternabend, das selbstgekochte Gulasch oder ähnliches unterbrechen darf. Wenn ich nicht so gut drauf bin wird direkt und relativ giftig die Frage gestellt, ob Sie wüssten, wer sie denn bezahlt, nämlich nicht ihr oberster Boss, sondern ich, der Kunde.

Manche Dünkelhaftigkeit ist anscheinend nicht auszurotten. Eine sichtbare Ungleichbehandlung der Kunden ist untragbar, verärgert und ist beschämend für den, der etwas verkaufen möchte oder der seine Dienstleistung an den Mann bzw. an Frau bringen möchte oder weit besser: Bringen muss!

Eine ehrliche Meinung, ob z. B. ein Anorak passt oder nicht, ist viel wert und wird von den Kunden goutiert. Wenn jedes anprobierte Stück nur toll ist, einem besonders gut steht, ganz hervorragend passt, dann sollte jeder Kunde hellhörig werden. Ich habe eine Aversion gegen Verkäufer und auch gegen Verkäuferinnen, die versuchen, mich von meiner Meinung abzubringen und diese durch die ihrige zu ersetzen. Wir sind durchaus in der Lage, uns ein eigenes Bild zu machen. Und wenn wir Hilfe brauchen, werden wir dies schon sagen.

Genauso unangebracht ist aber auch ein Verkaufspersonal, das gar keine Hilfestellungen gibt. Das selbst auf die Frage des Kunden: „Was gefällt Ihnen denn besser?" zur Antwort gibt: „Das kann ich nicht sagen, das ist ganz alleine ihre Entscheidung." – Tolle Hilfe!

Wir Alle sind Kunden. Und in dieser Eigenschaft dürfen wir Freundlichkeit, Hilfsbereitschaft und eine kompetente Beratung erwarten, bei der nicht auf Teufel komm raus der erhoffte Kaufakt im Vordergrund steht. Selbstverständlich weiß ich, dass wir alle, also auch die Verkäuferin oder der Verkäufer, einmal einen schlechten Tag haben. Der Kunde ist allerdings das denkbar schlechteste Subjekt, das darunter leiden sollte.

2. Auch der Kunde steht sich manchmal selbst im Wege

Wir Kunden machen es dem Verkaufspersonal nicht immer leicht. Wir haben Wünsche, die alles andere als konkret sind. Motto: „Der Verkäufer oder die Verkäuferin muss doch wissen, was ich will." Wir haben Vorstellungen, die halt beim besten Willen nicht zu erfüllen sind. Stichwort: „Eierlegende Wollmilchsau". Wir haben Preisvorstellungen, je jenseits von Gut und Böse sind.

Und wir müssen zugeben, dass auch wir Kunden nicht immer gleich gut drauf sind. Es gilt: Der Verkäufer und die Verkäuferin sollten nicht der Prellbock unserer miesen Launen sein. Vielleicht verschieben wir den Einkauf lieber auf Morgen, zur Freude von uns und unserer Bedienung.

Worüber wir (gerade auch ich) nachdenken sollten, ob wir nicht überempfindlich, ja sogar mimosenhaft reagieren. Gerade in Kombination mit schlechter Laune wird jedes Wort auf die Goldwaage gelegt. Mehr Gelassenheit und mehr Großzügigkeit bereiten uns und unserer Umwelt mehr Freude – nicht nur beim Einkaufen!

3. Örtliches Angebot beachten

Ich bin weit entfernt davon, Ihnen, verehrte Leserinnen und verehrter Leser, Ratschläge zu geben, wo Sie einkaufen sollen.

Ich gebe allerdings eines zu bedenken: Wenn wir nicht wollen, dass unsere Innenstädte, unsere Fußgängerzonen langsam aussterben und Brillen- und Handyläden die Mehrheit der Geschäfte bilden, dann müssen wir auch entsprechend handeln. Wir müssen unsere regionalen Einzelhändler unterstützen. Ich mag mir nicht vorstellen, dass unsere kleinen und mittleren Städte einmal so aussehen, wie es viele derartiger Städte in den USA heute bereits tun.

Ich persönlich bin z. B. immer wieder überrascht, welch großes Angebot unsere Geislinger Geschäfte und unsere Geislinger Wochenmärkte bieten. Ich kann einen dortigen Einkauf nur empfehlen.

Und Sie wissen ja, mit Einkaufen habe ich so meine Erfahrungen!

Zeitfracht Medien GmbH
Ferdinand-Jühlke-Straße 7
99095 Erfurt, Deutschland
produktsicherheit@kolibri360.de